LATA 90

KOLOROWANKA DLA DOROSŁYCH

Eva Sunleaf

ODKRYJ KOLOROWANKI DLA DOROSŁYCH EVA SUNLEAF NA

evasunleaf.com

ZESKANUJ

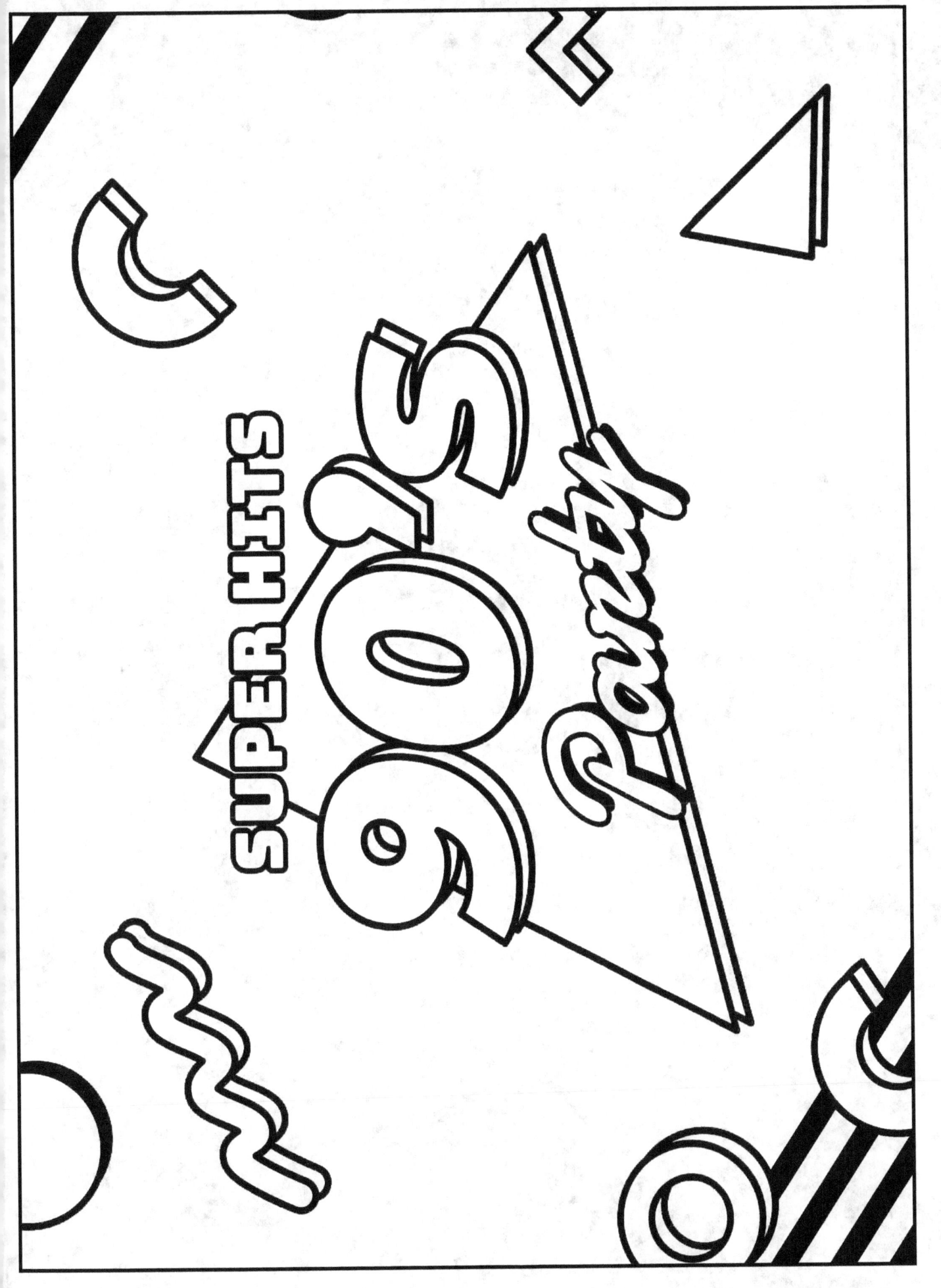

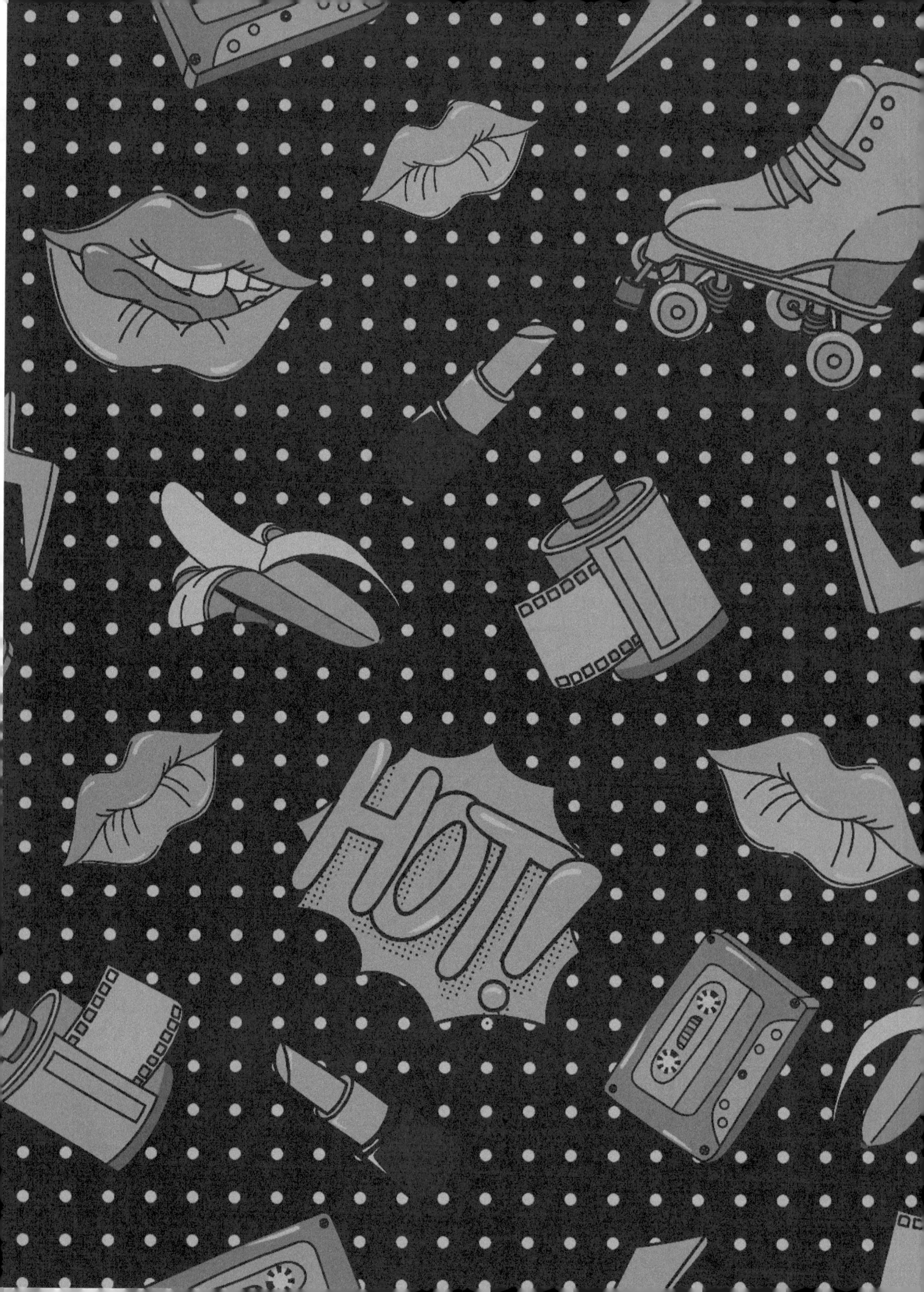

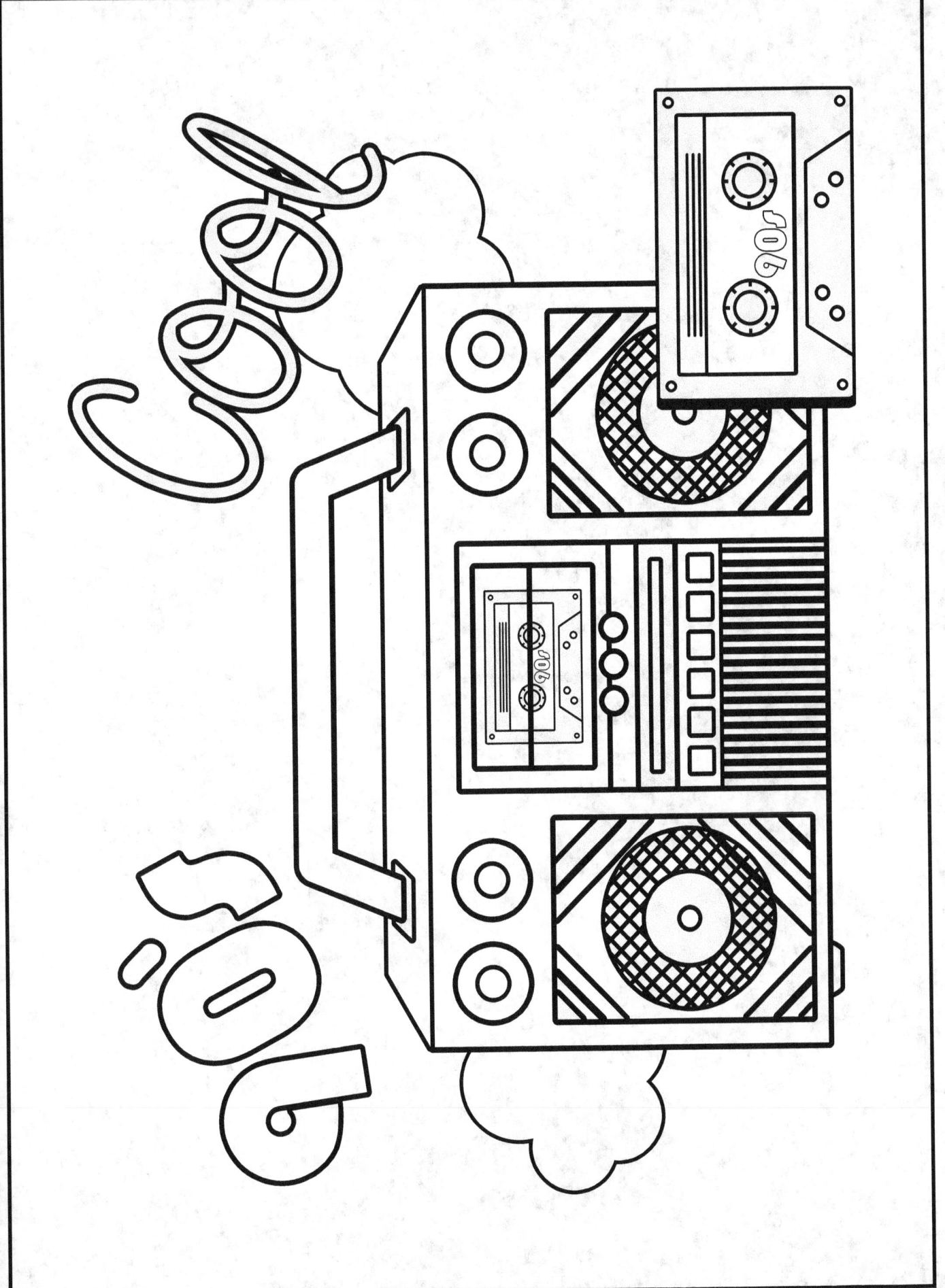

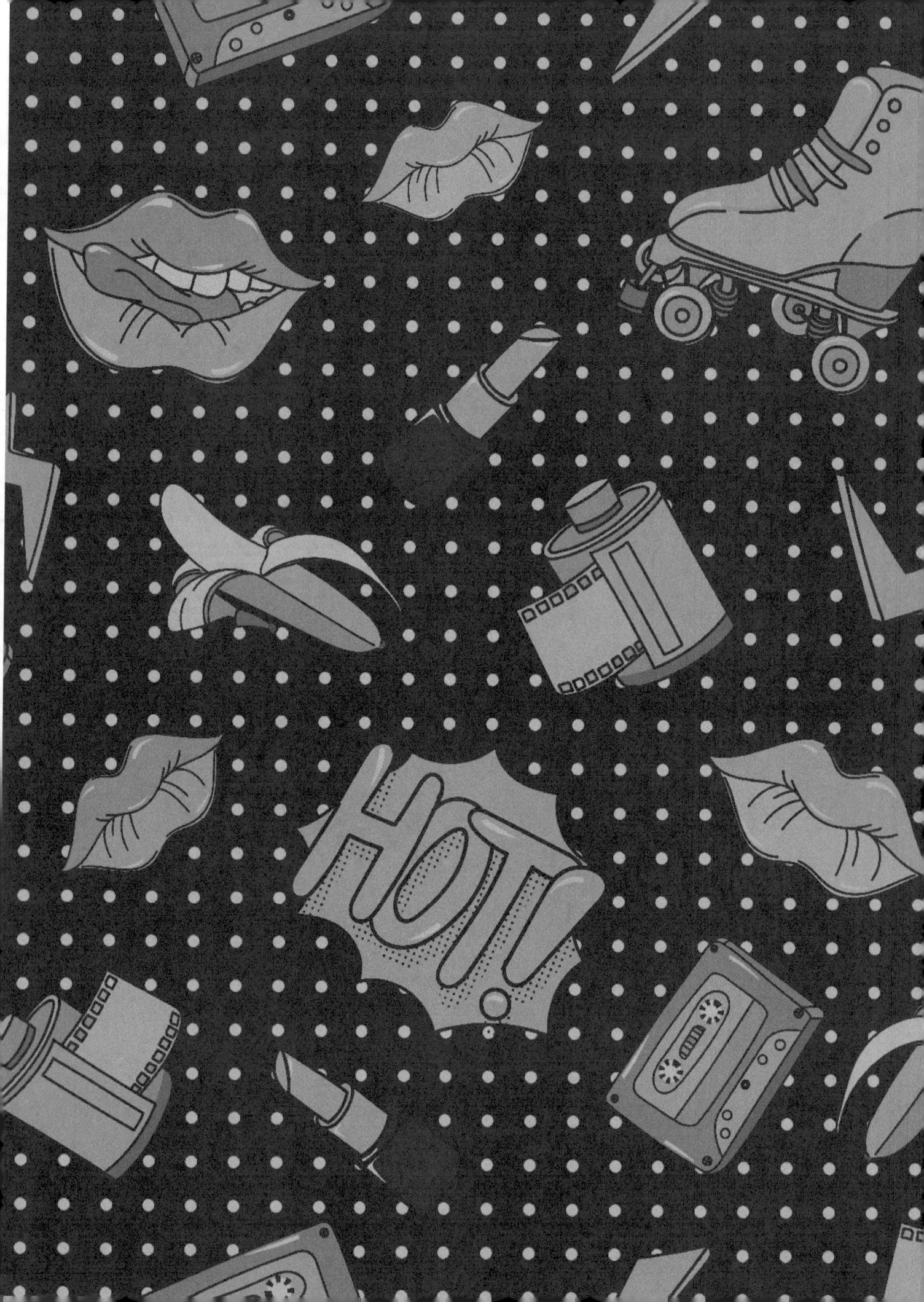

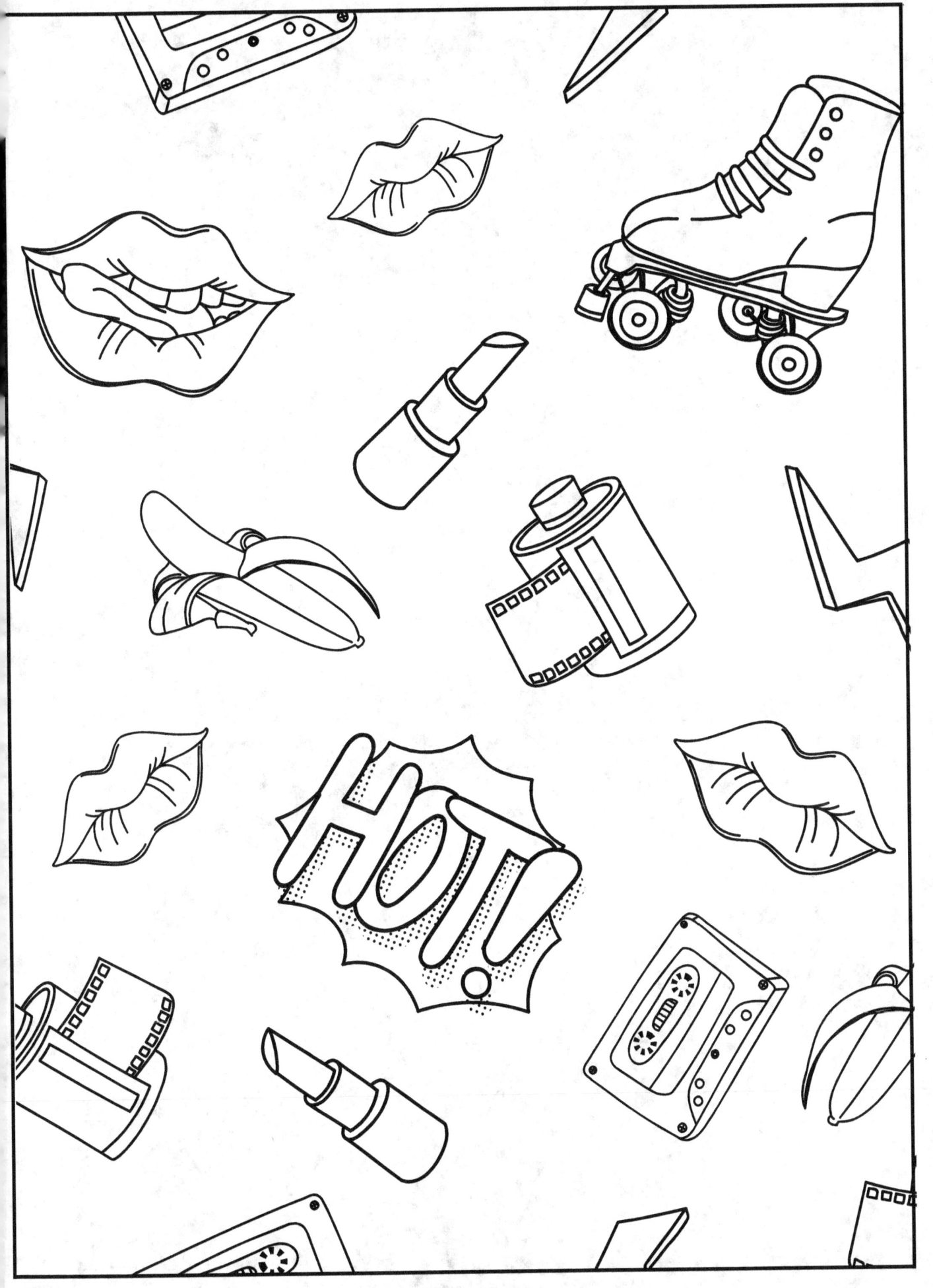

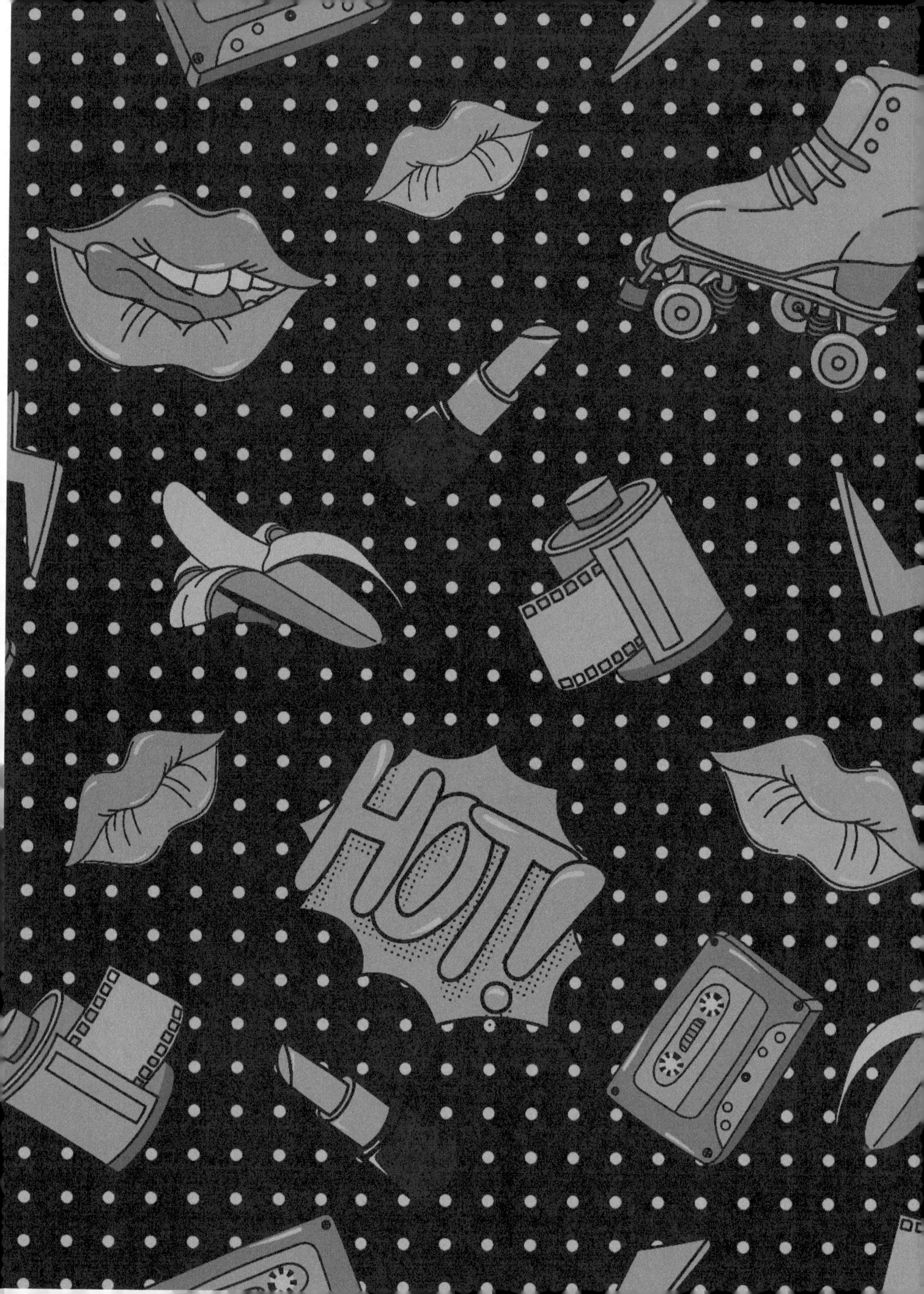

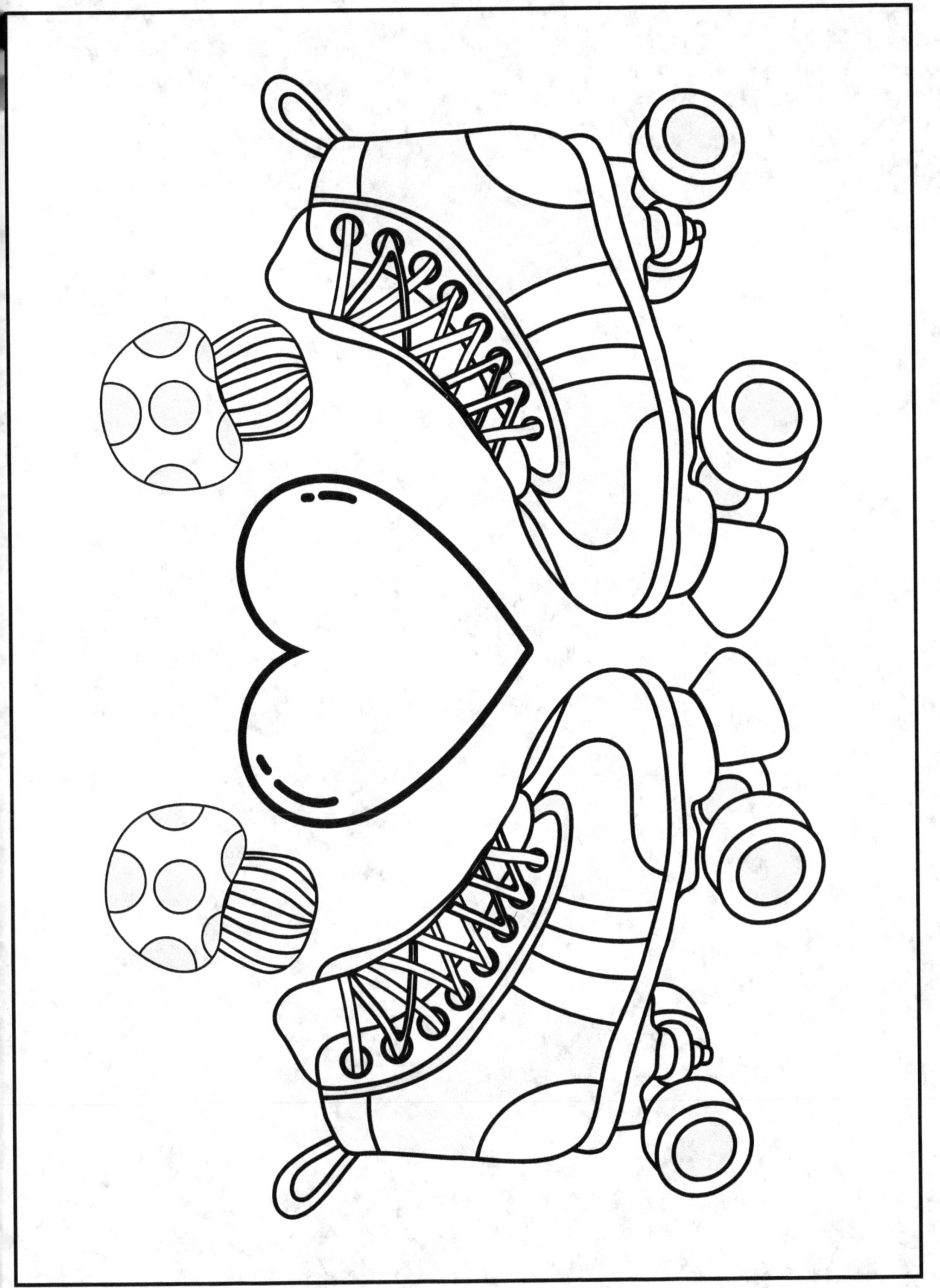

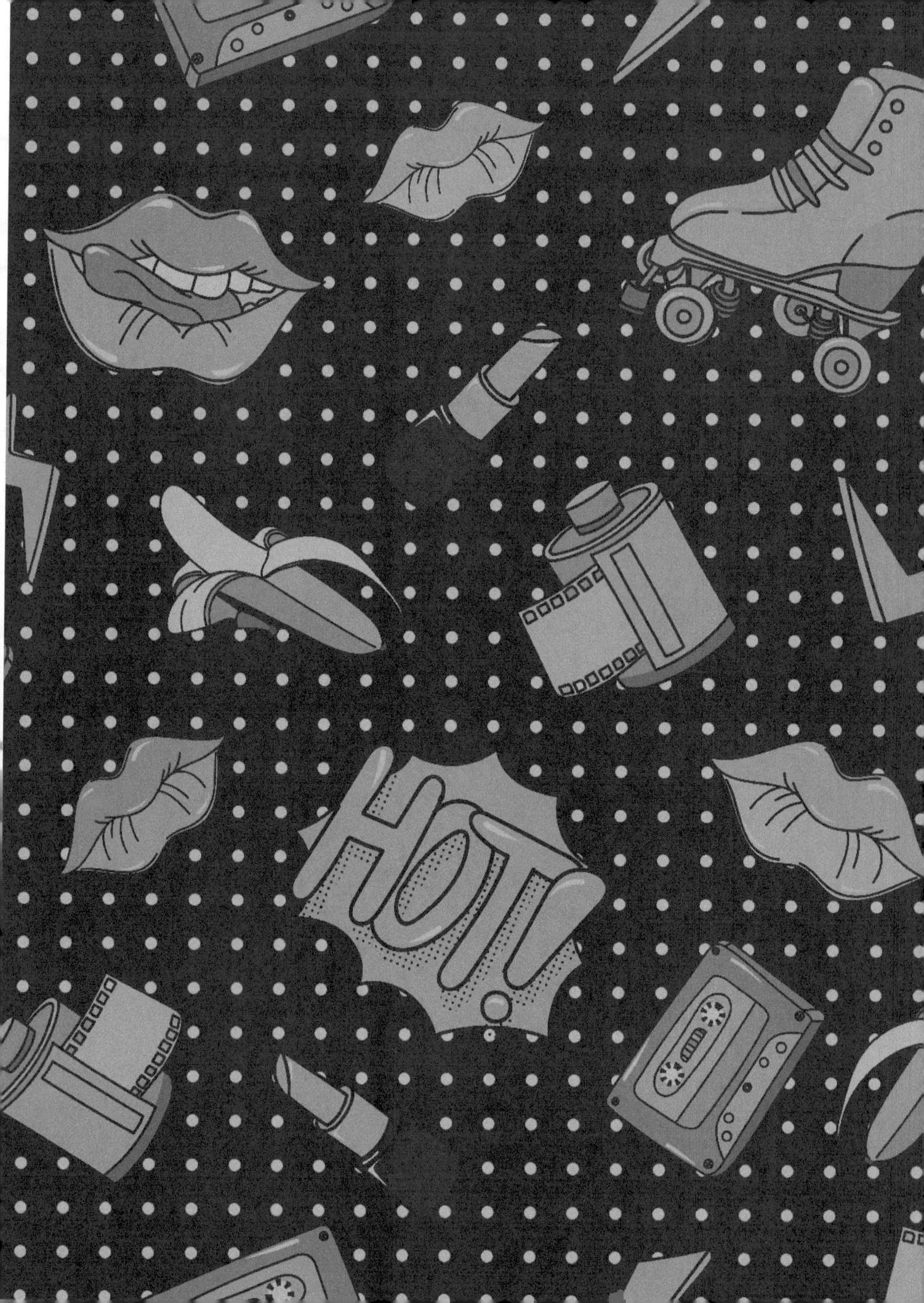

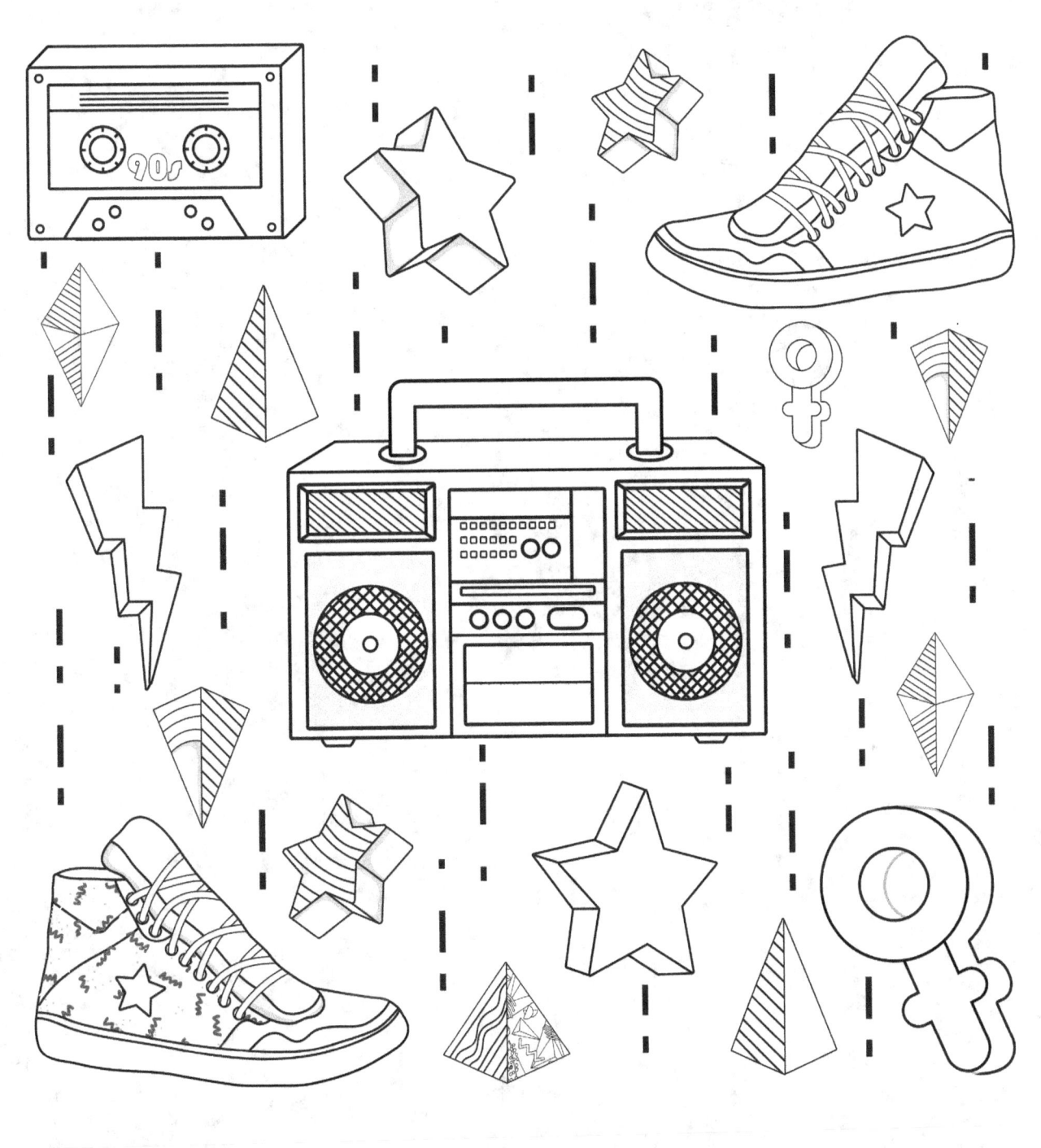

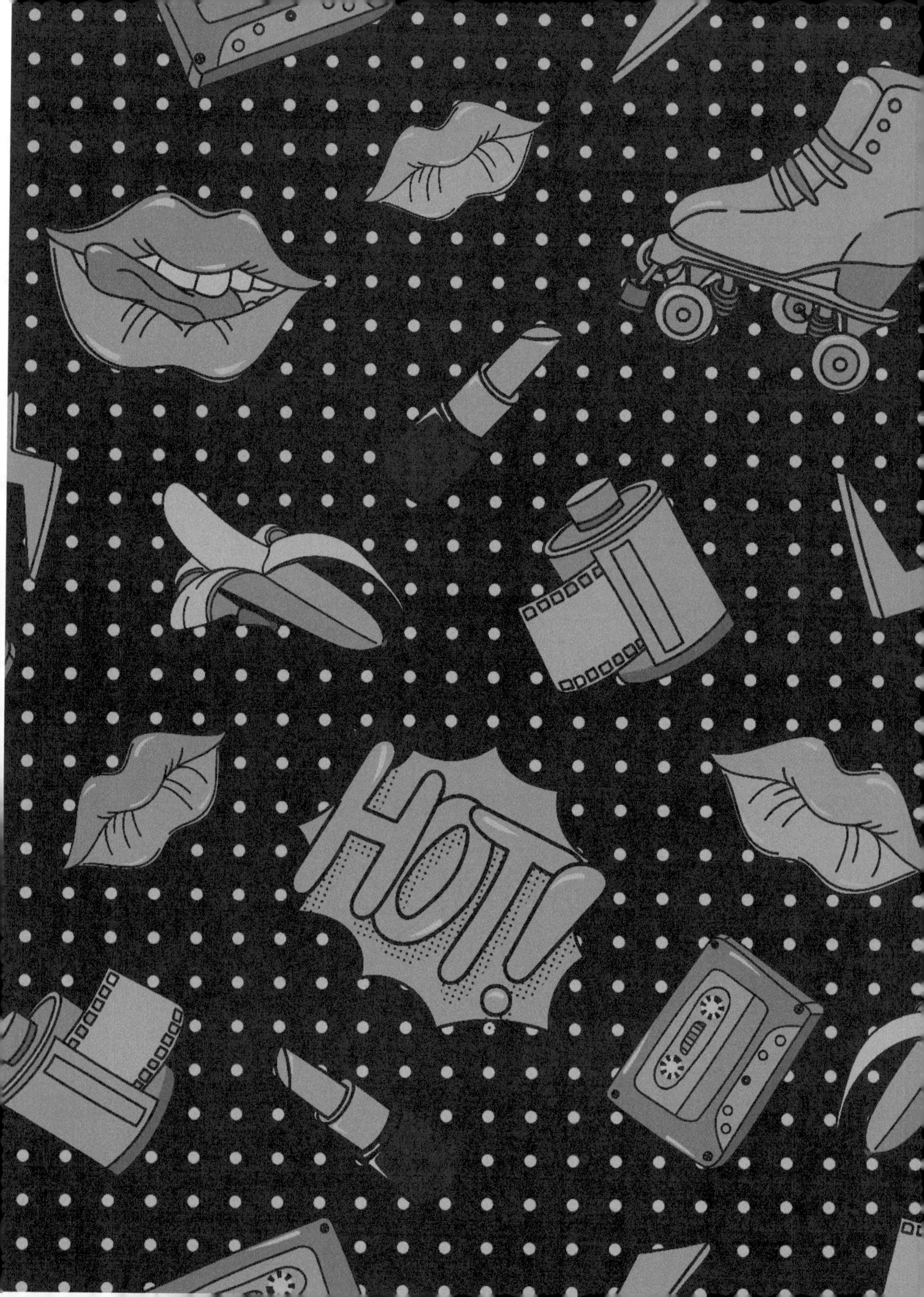

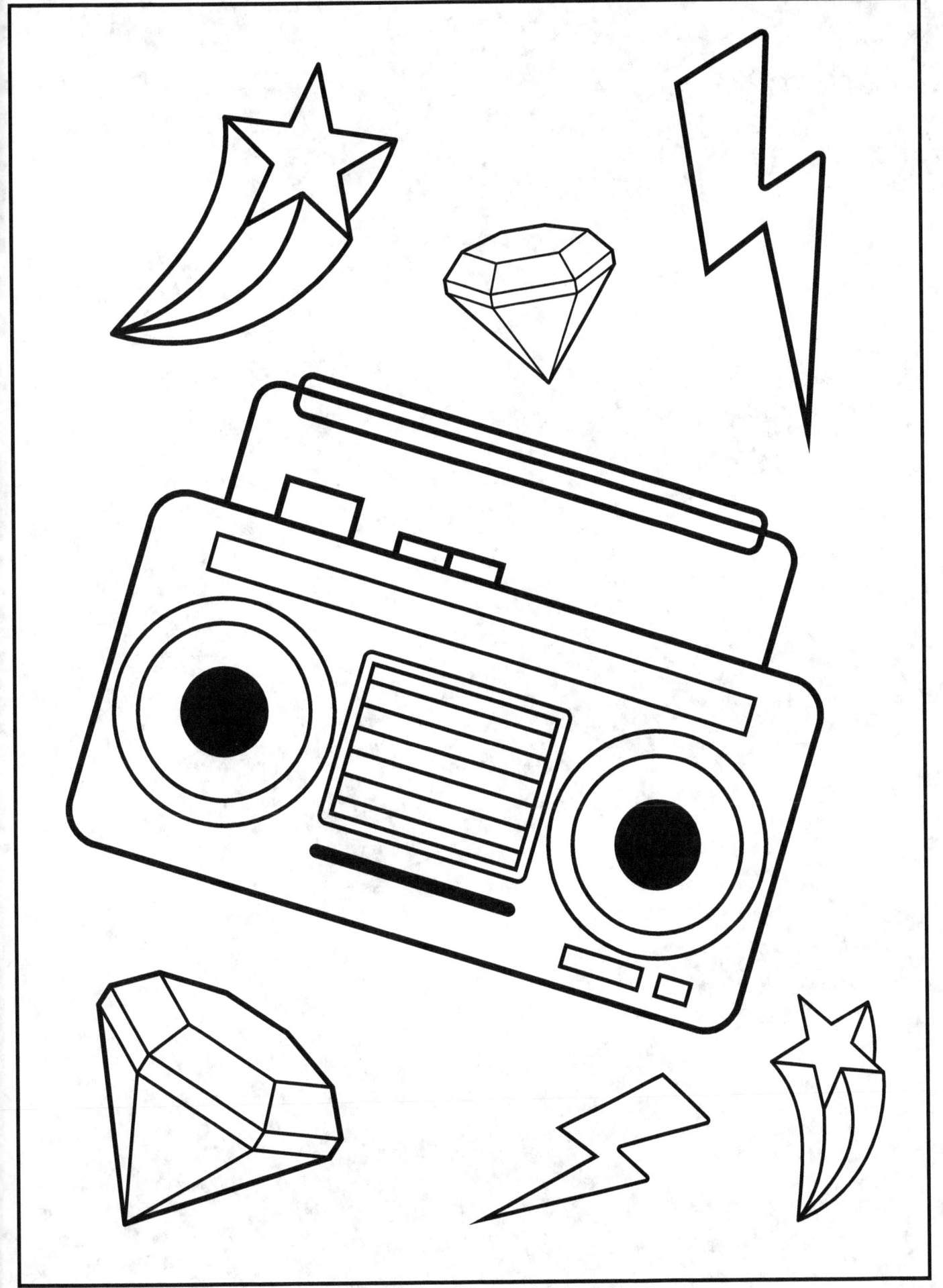

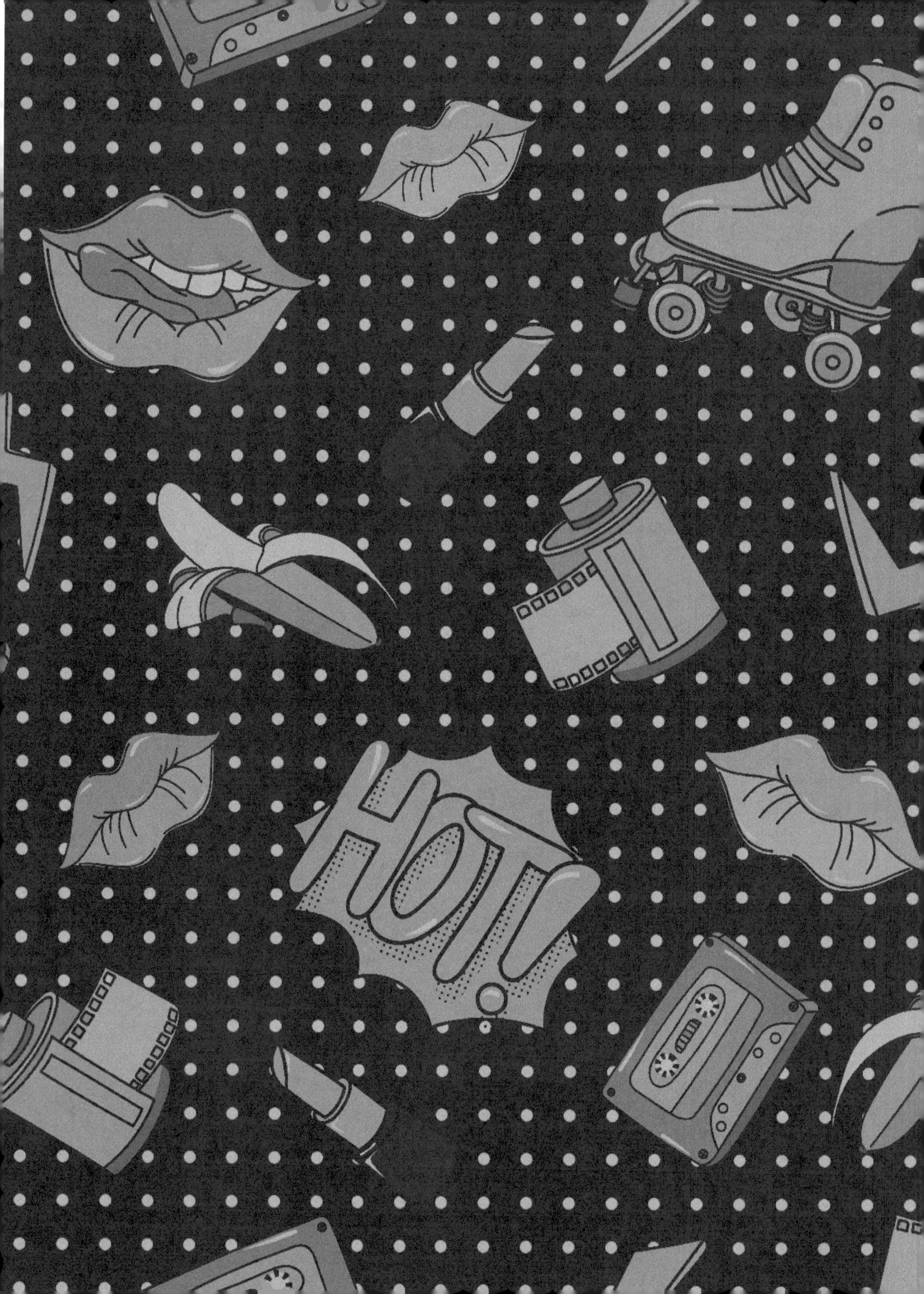

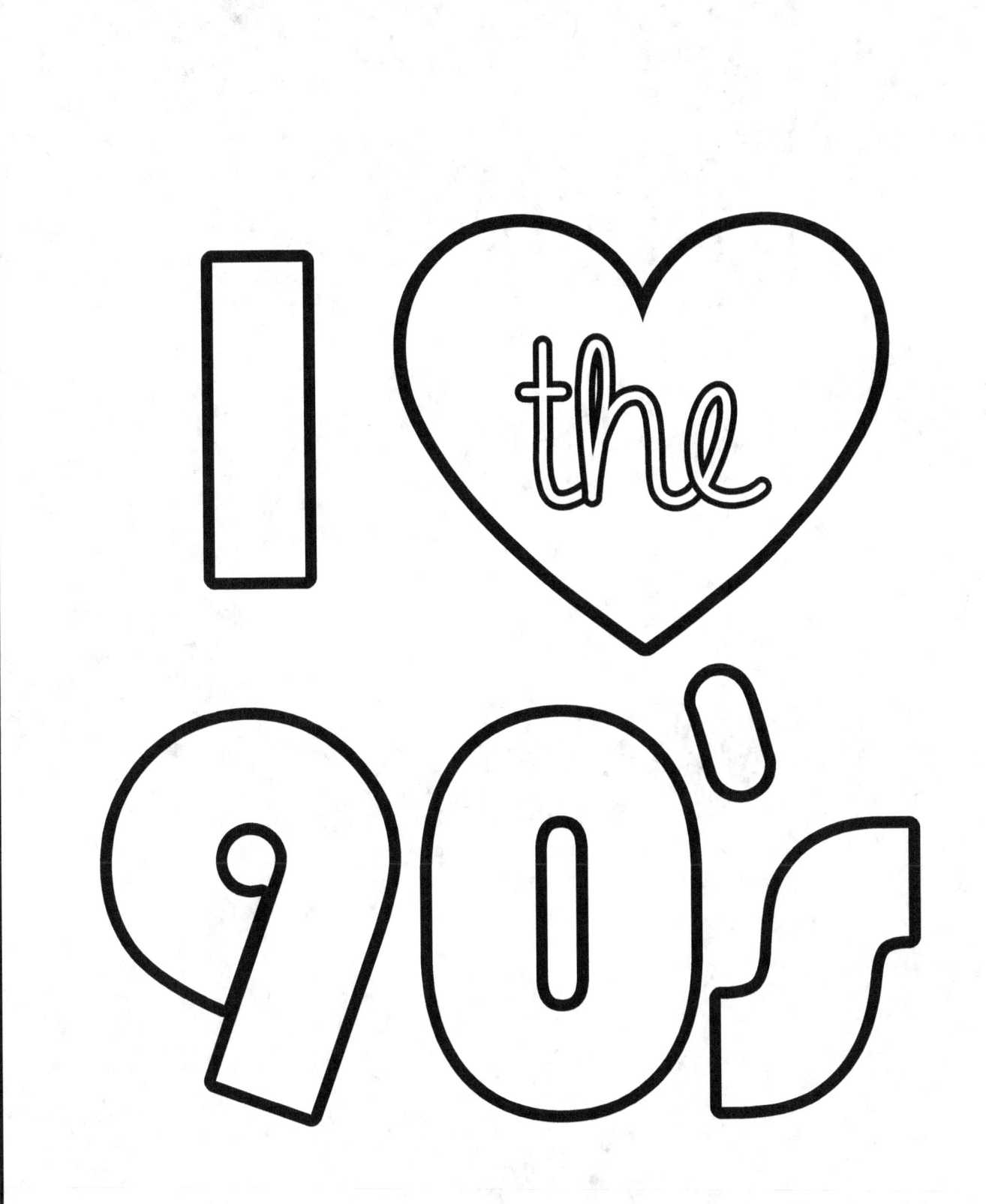

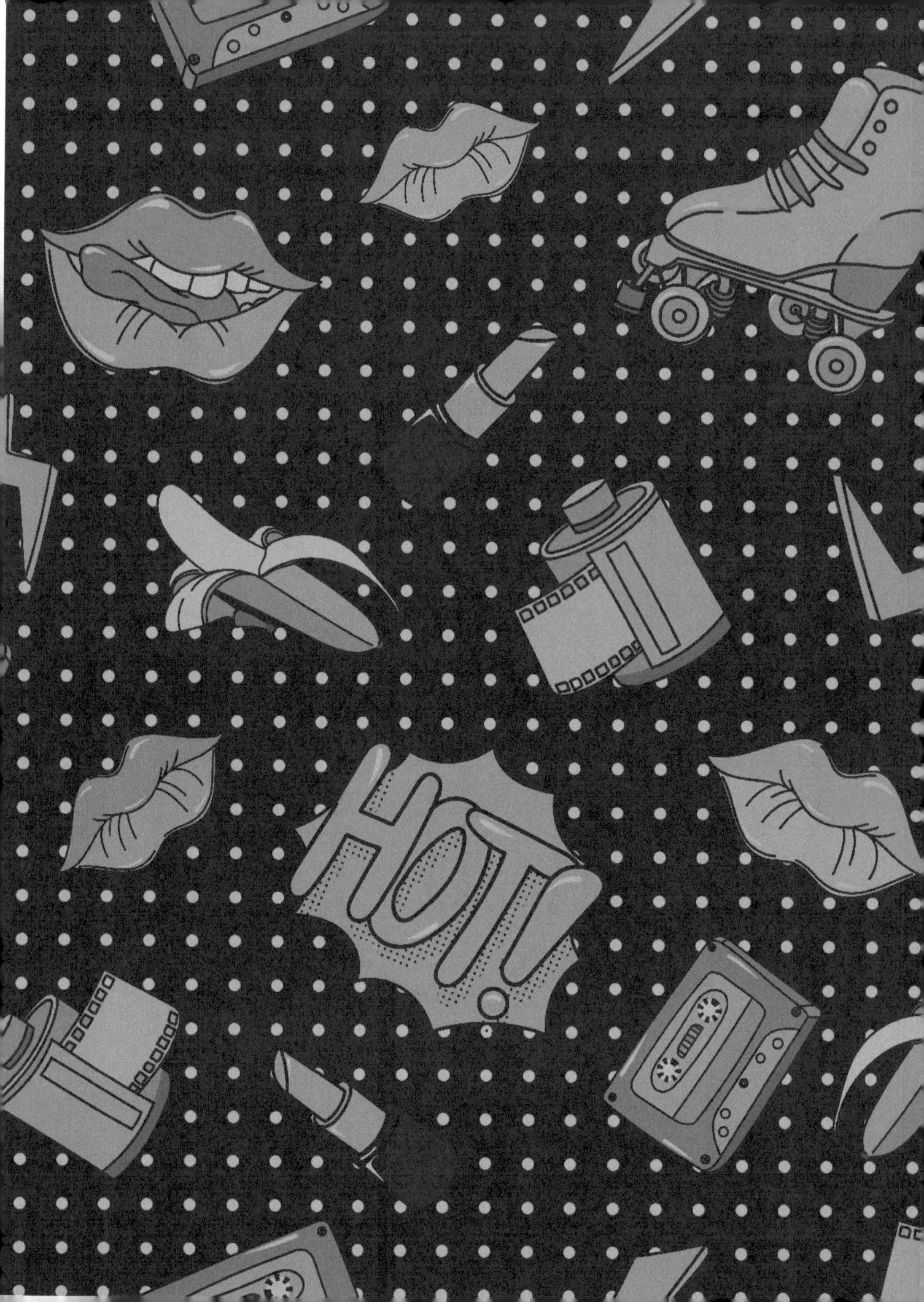

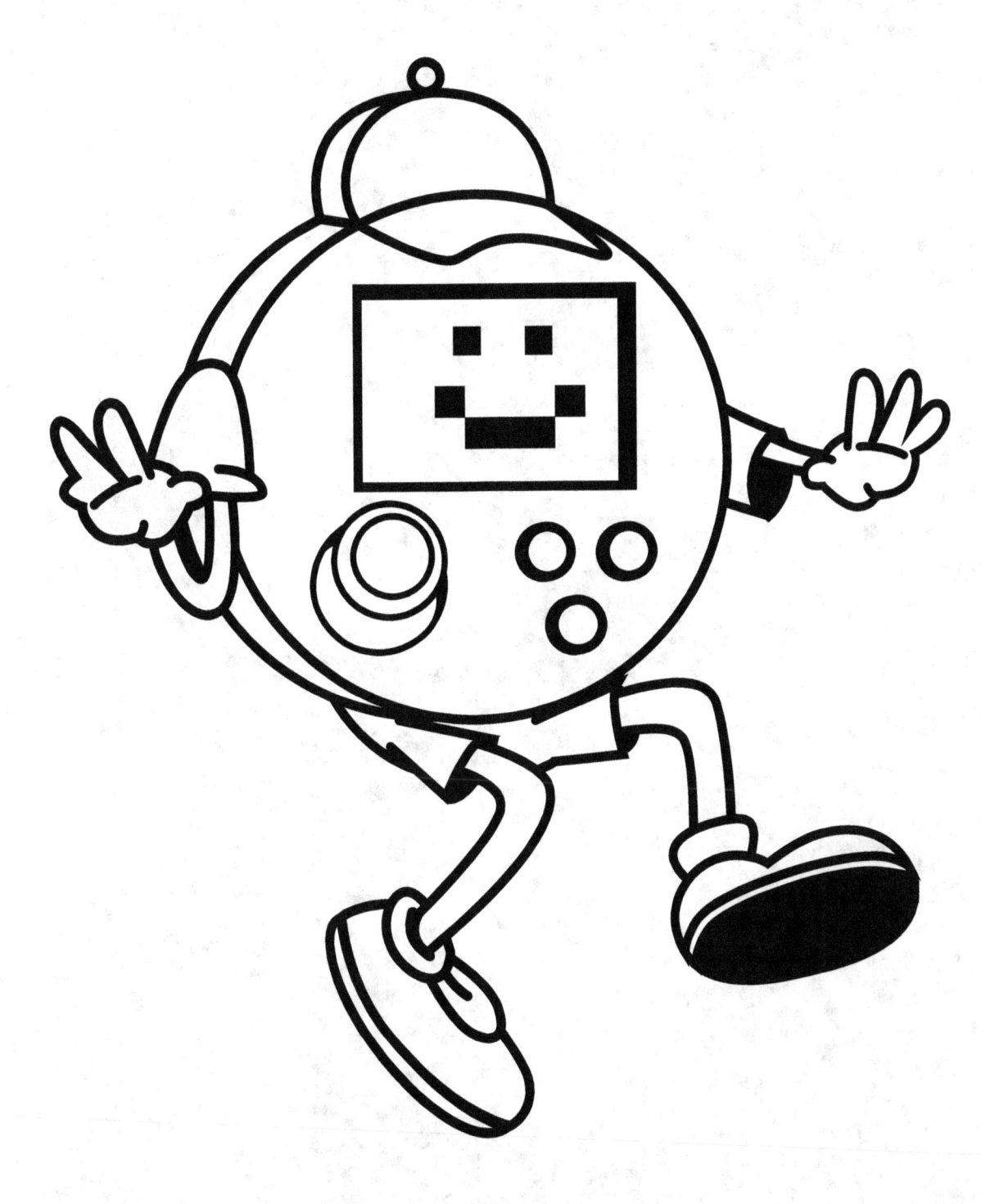

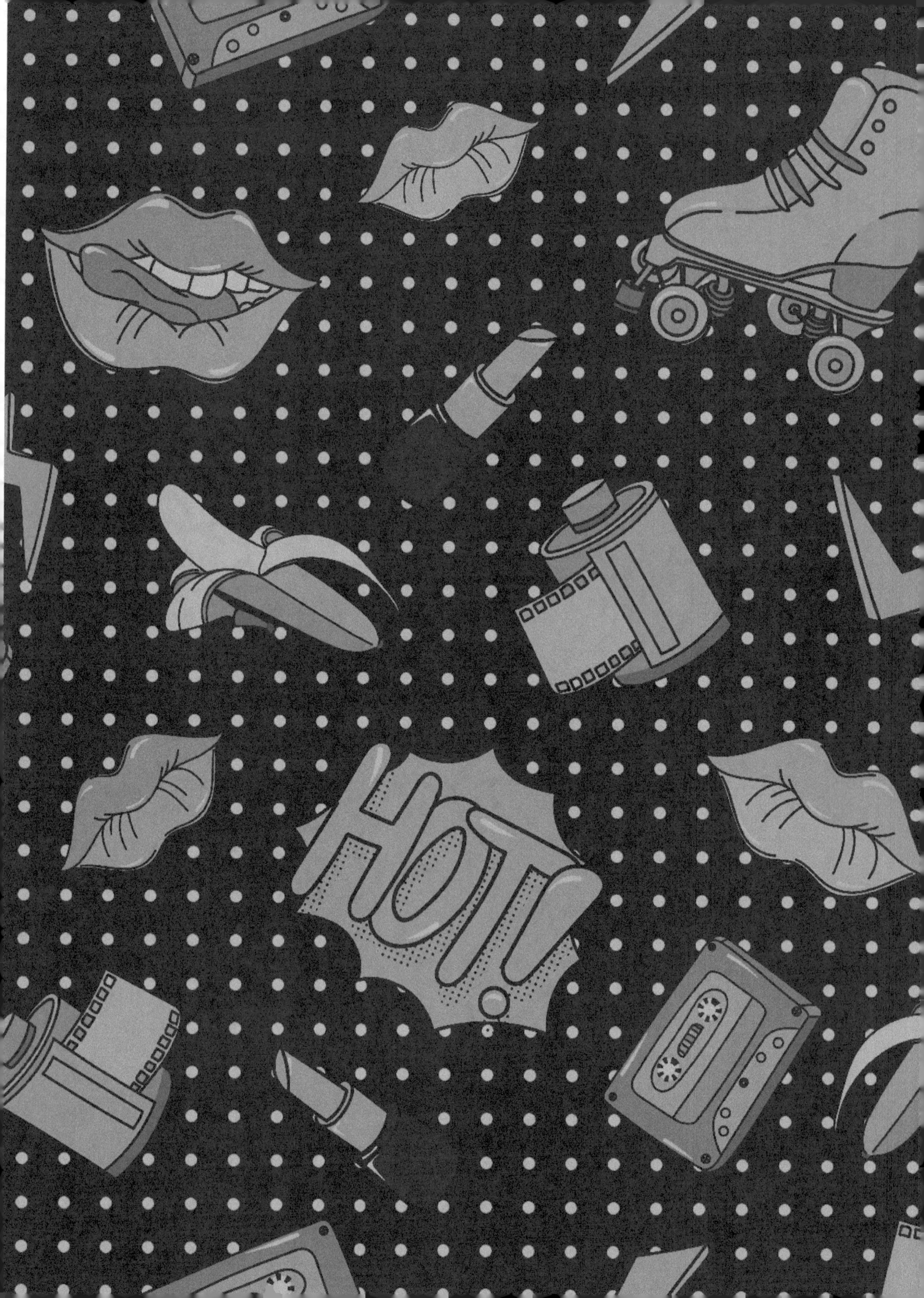

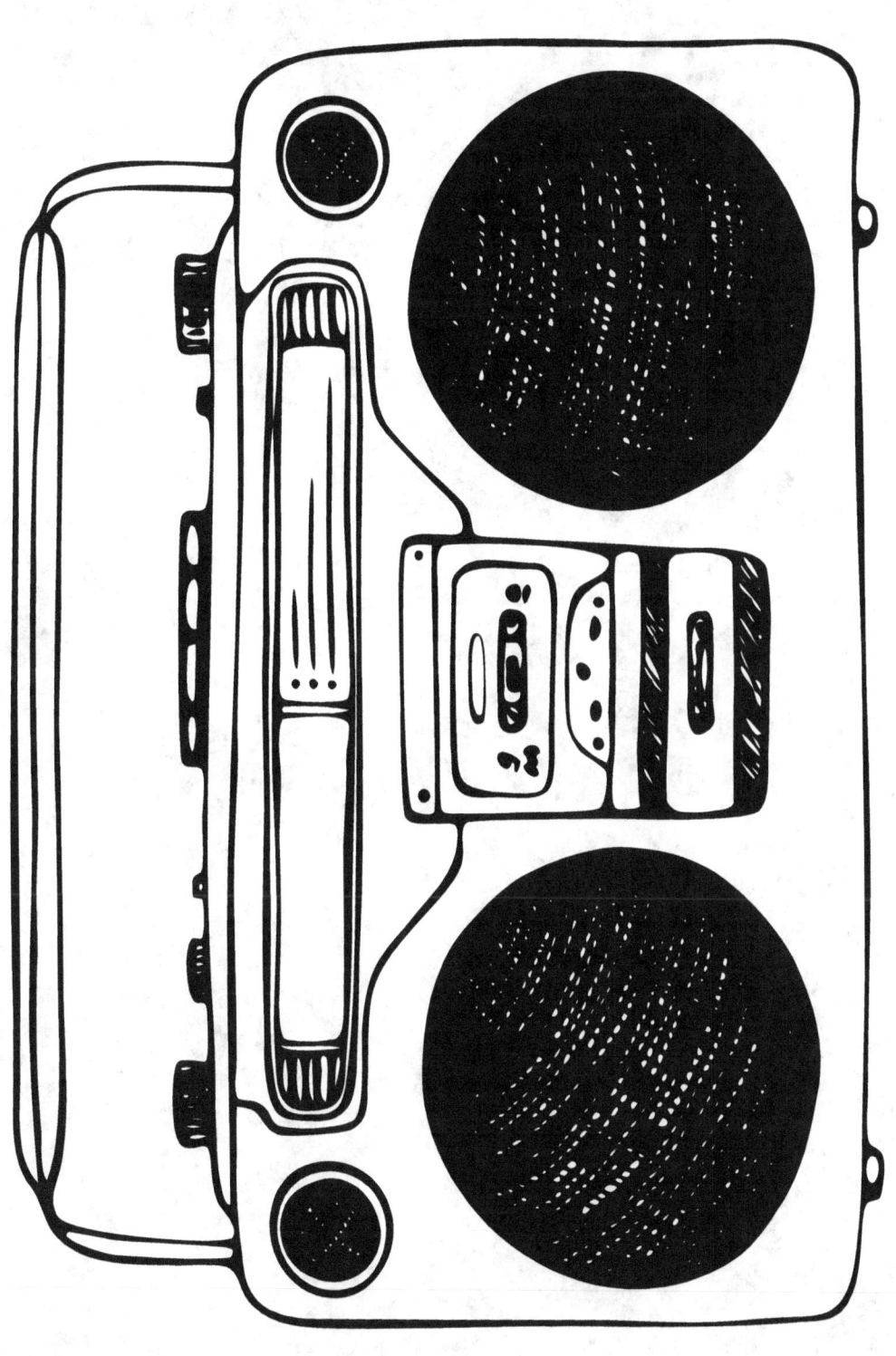

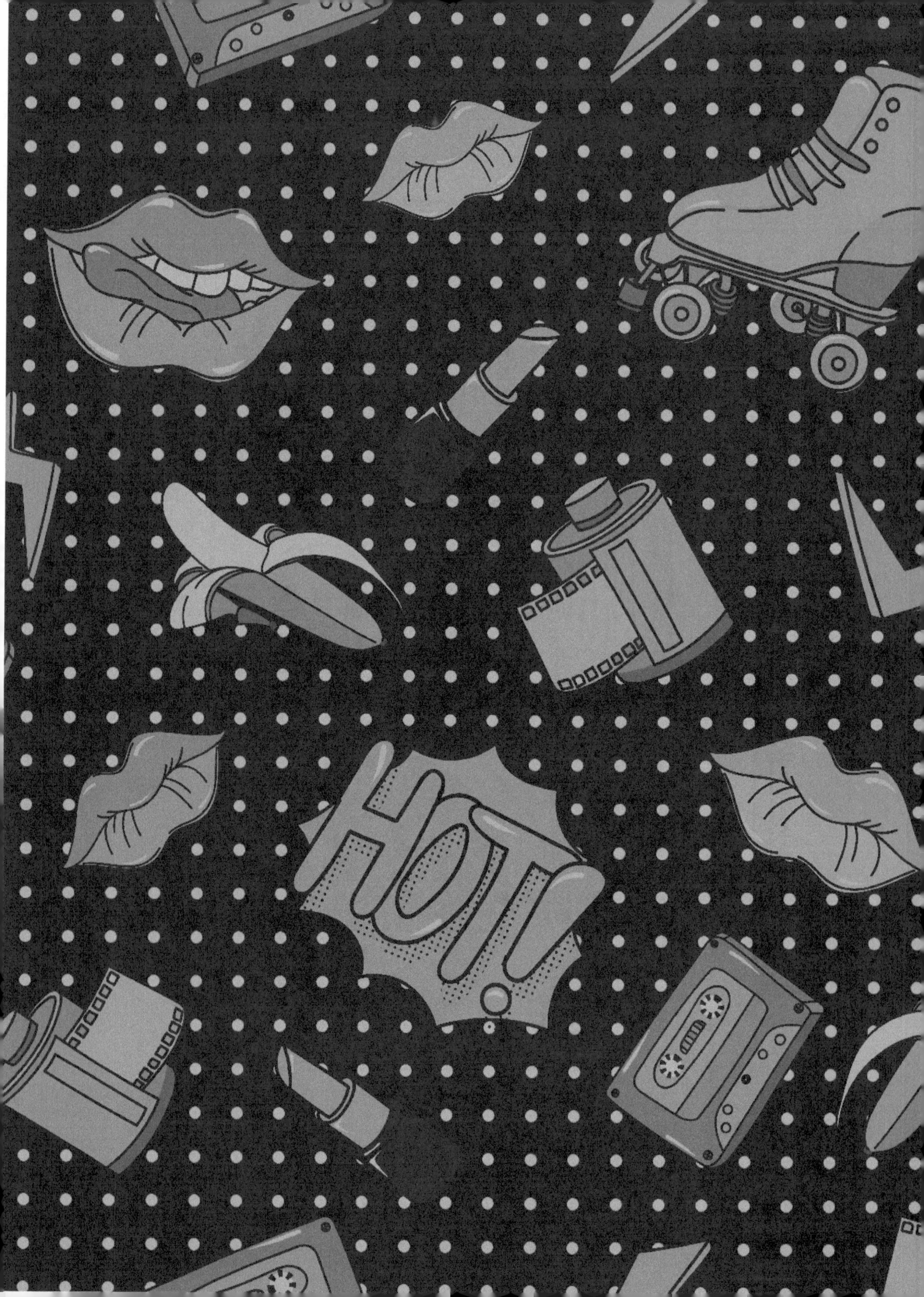

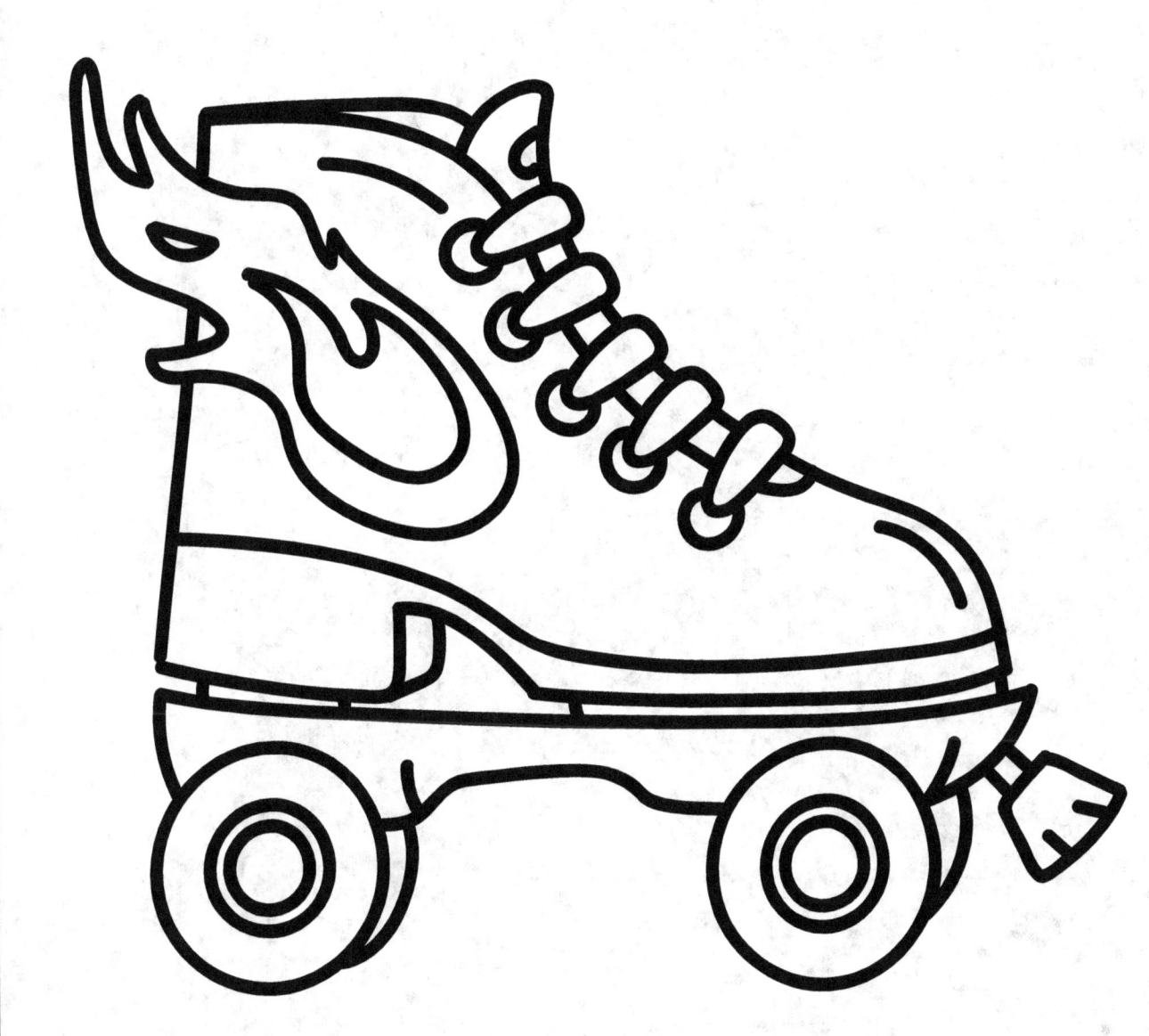

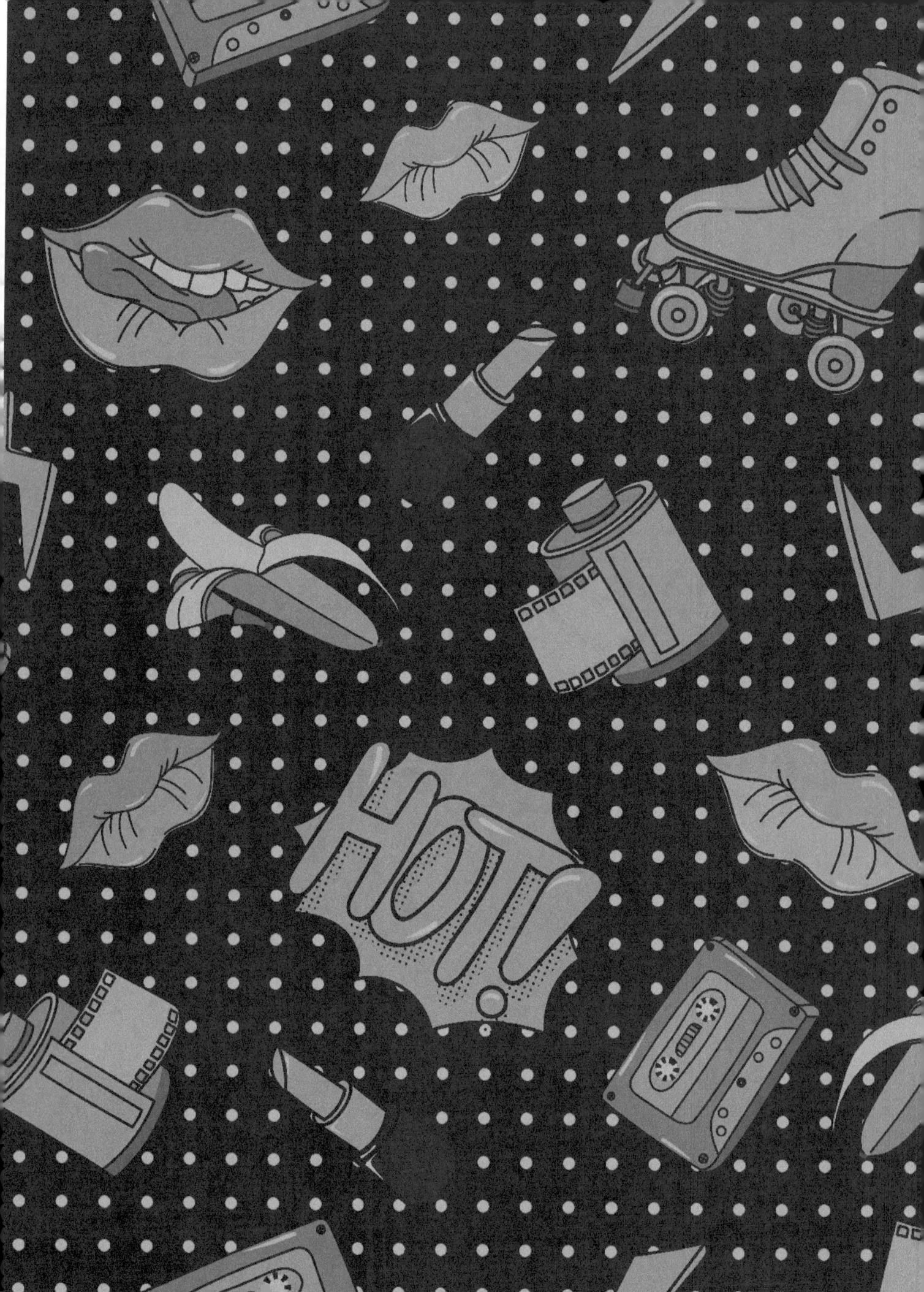

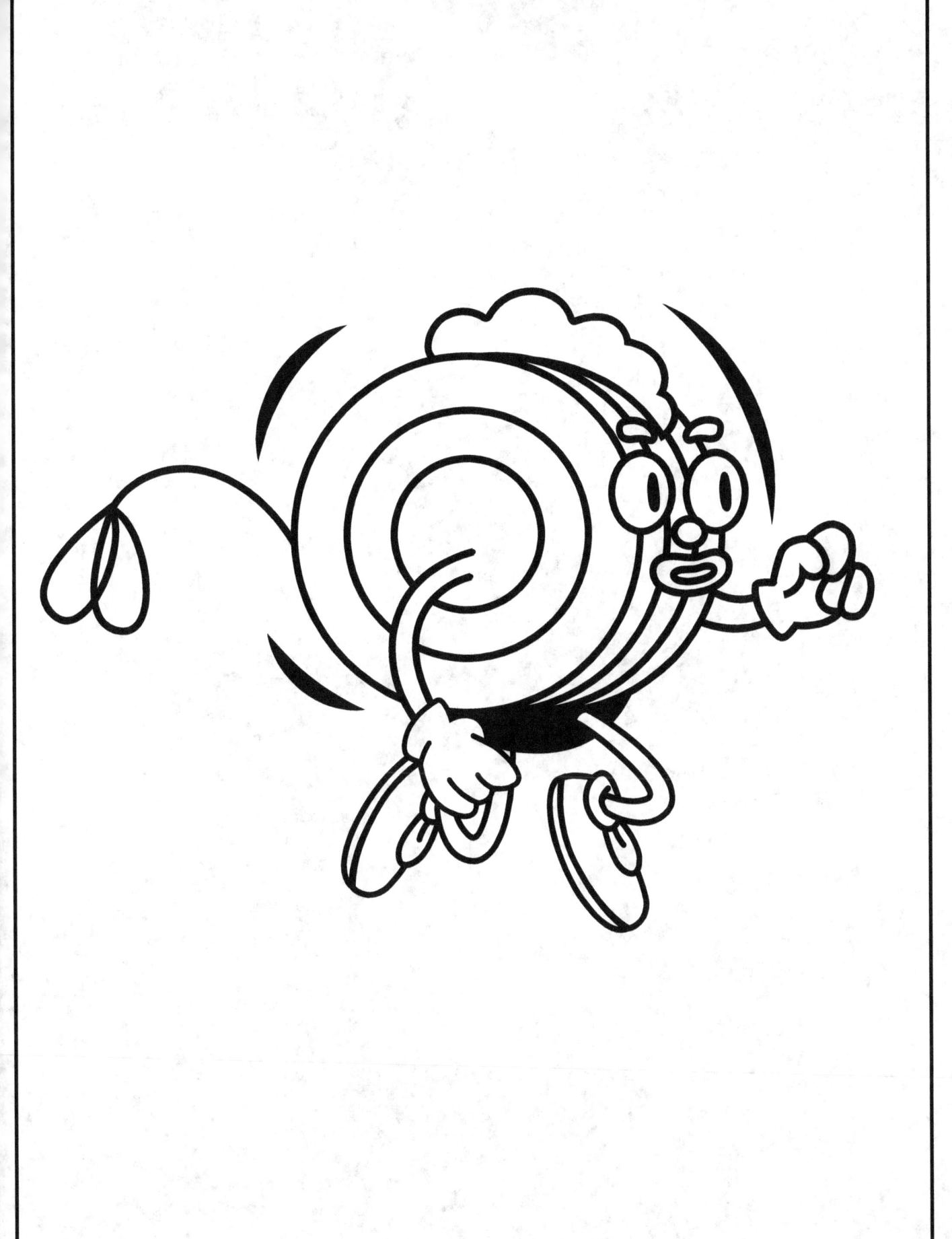

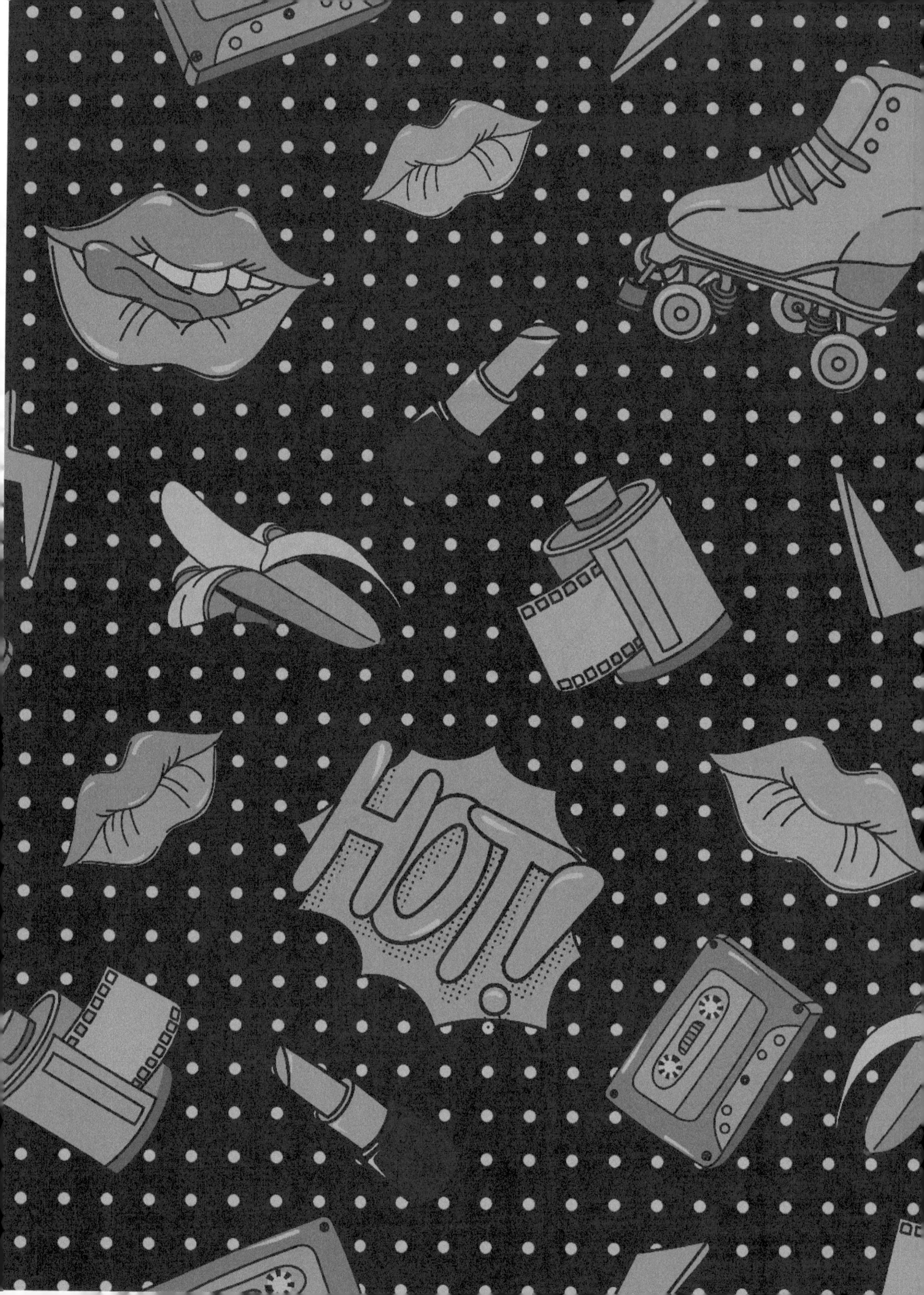

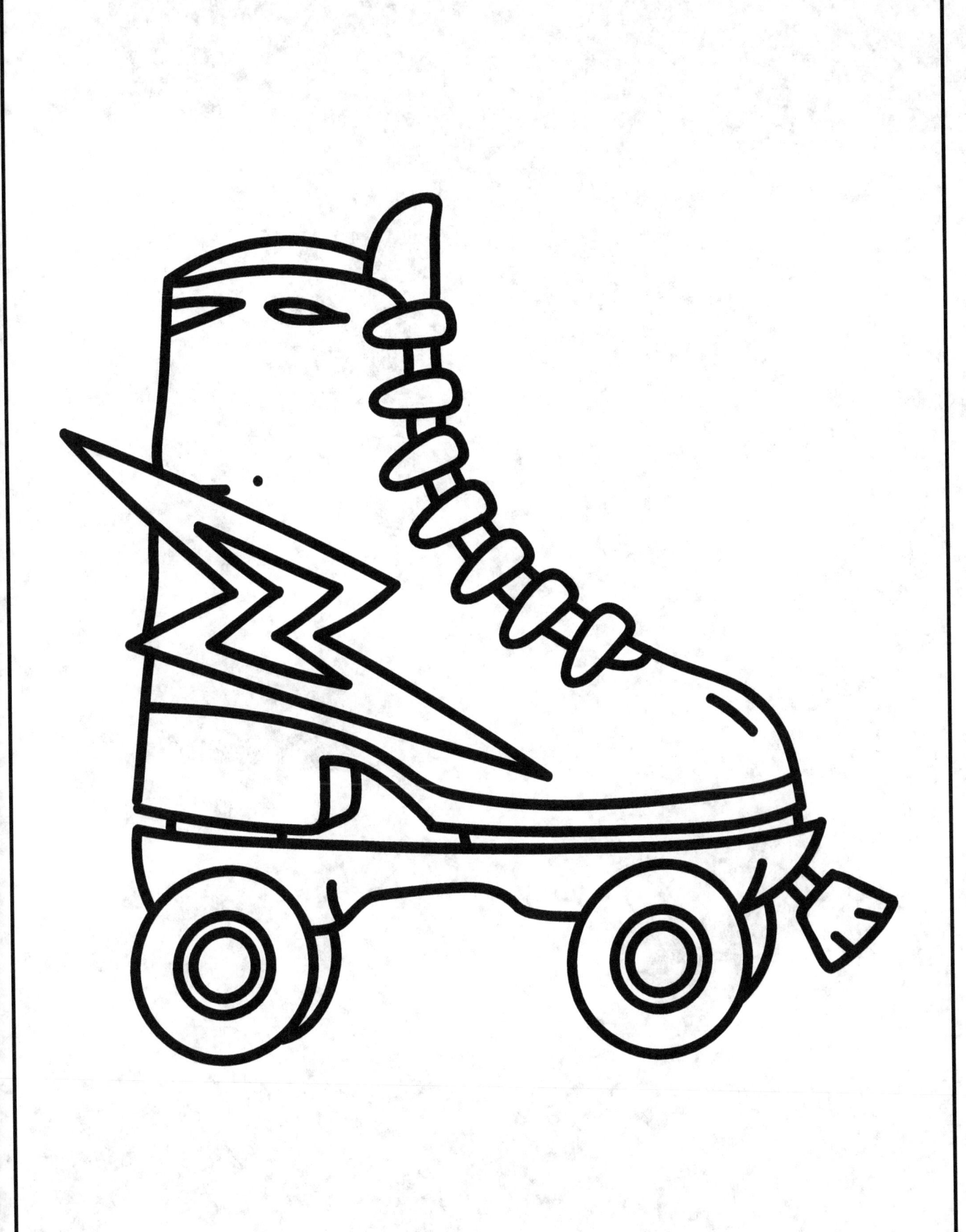

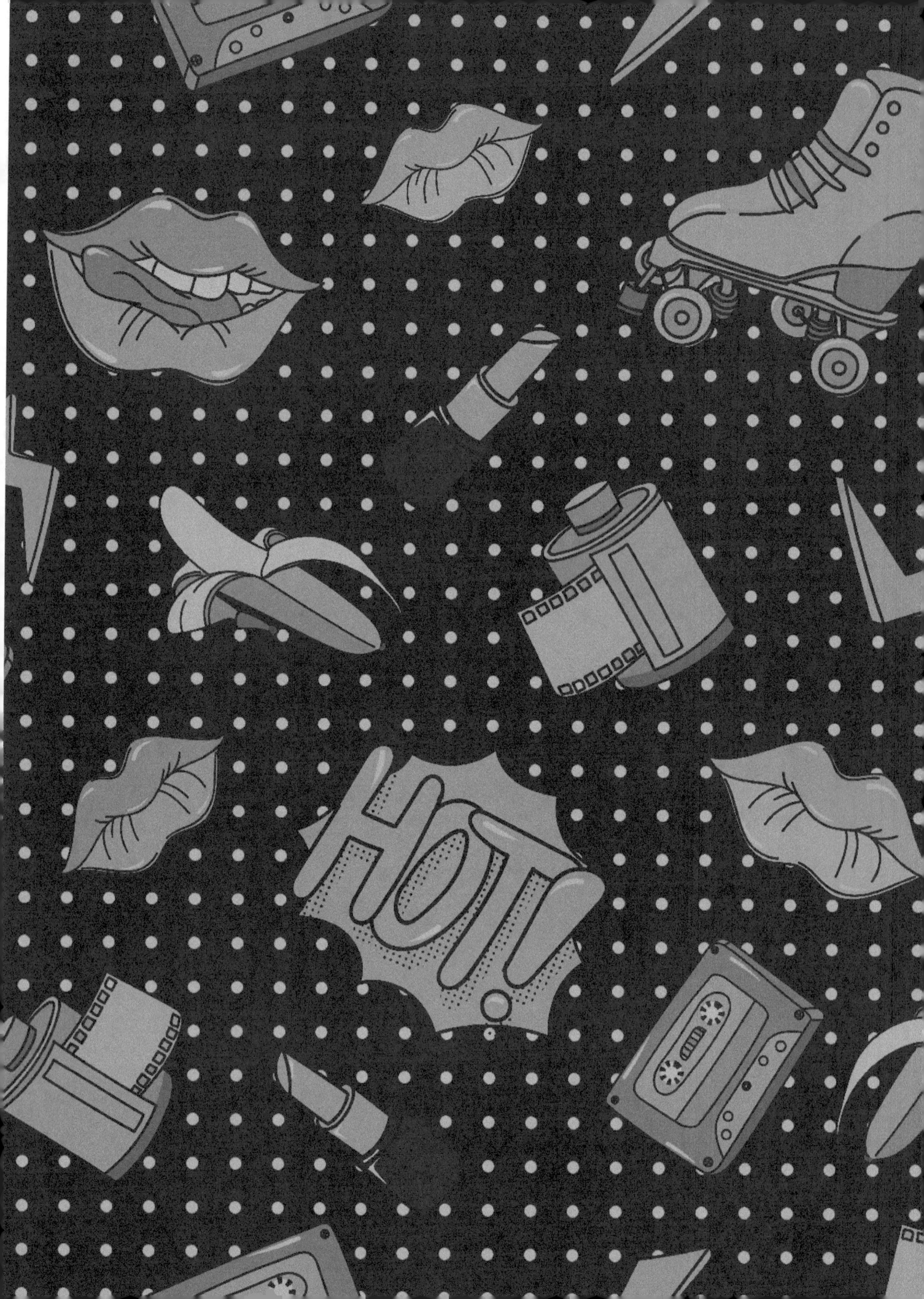

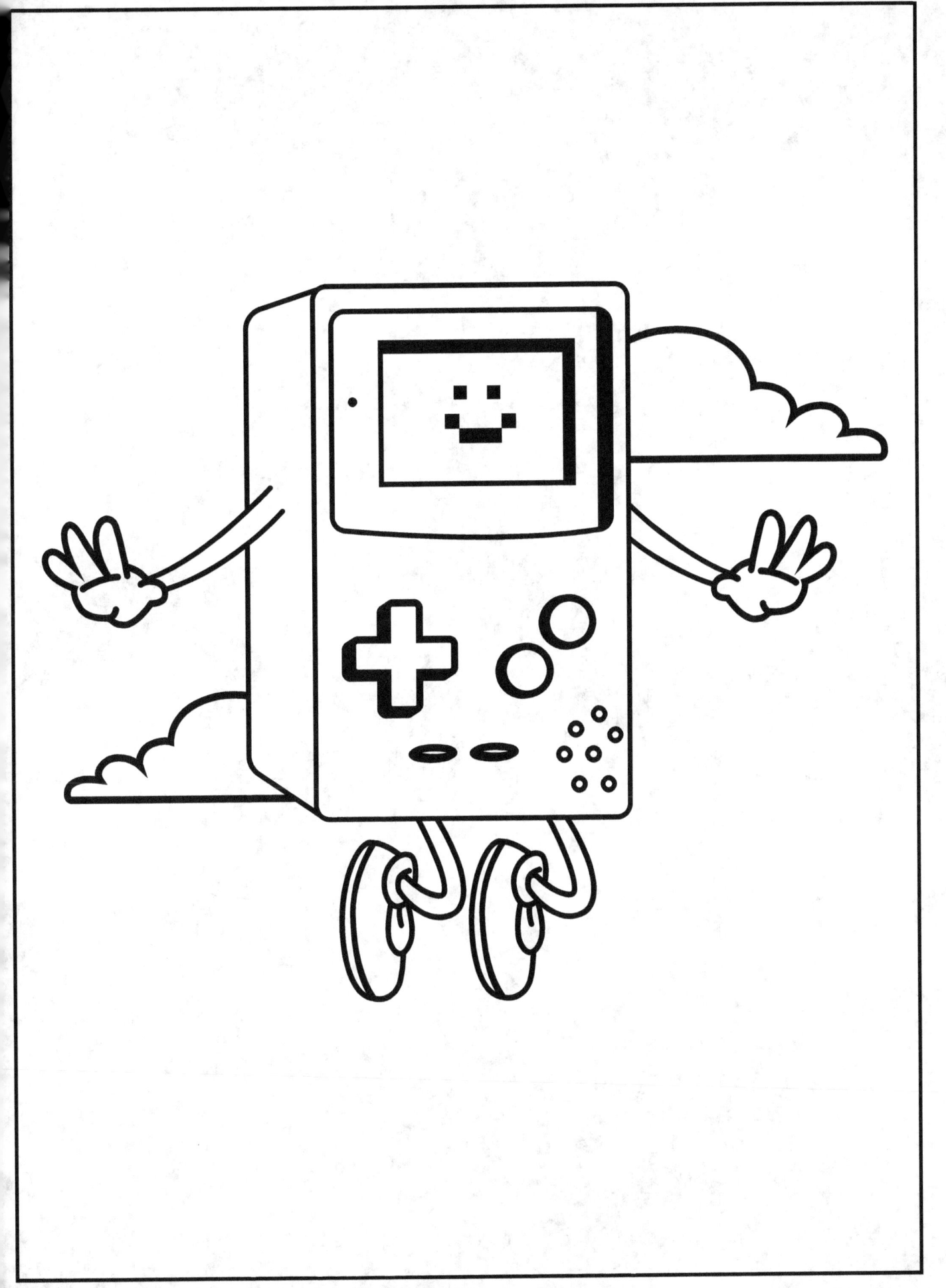

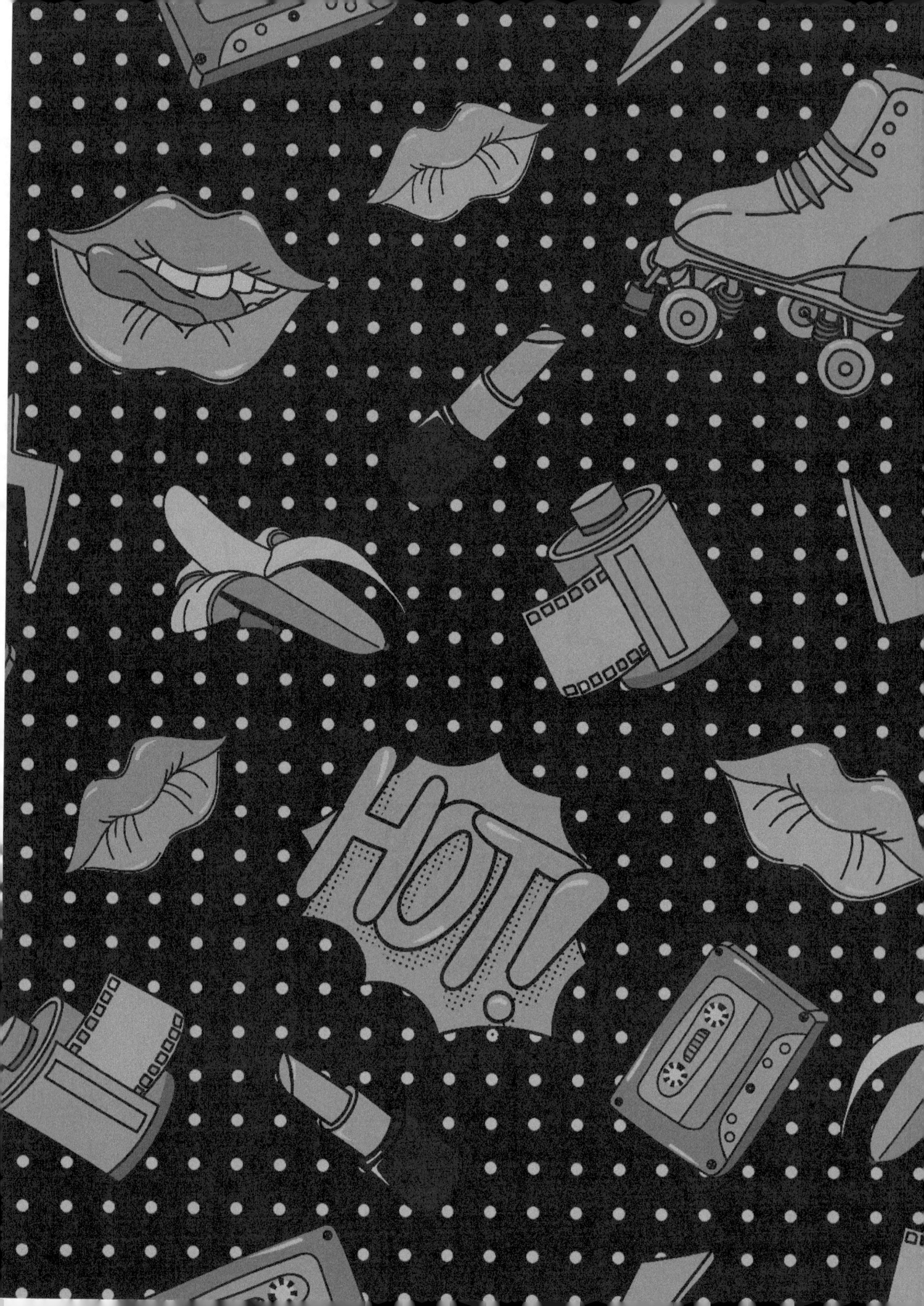

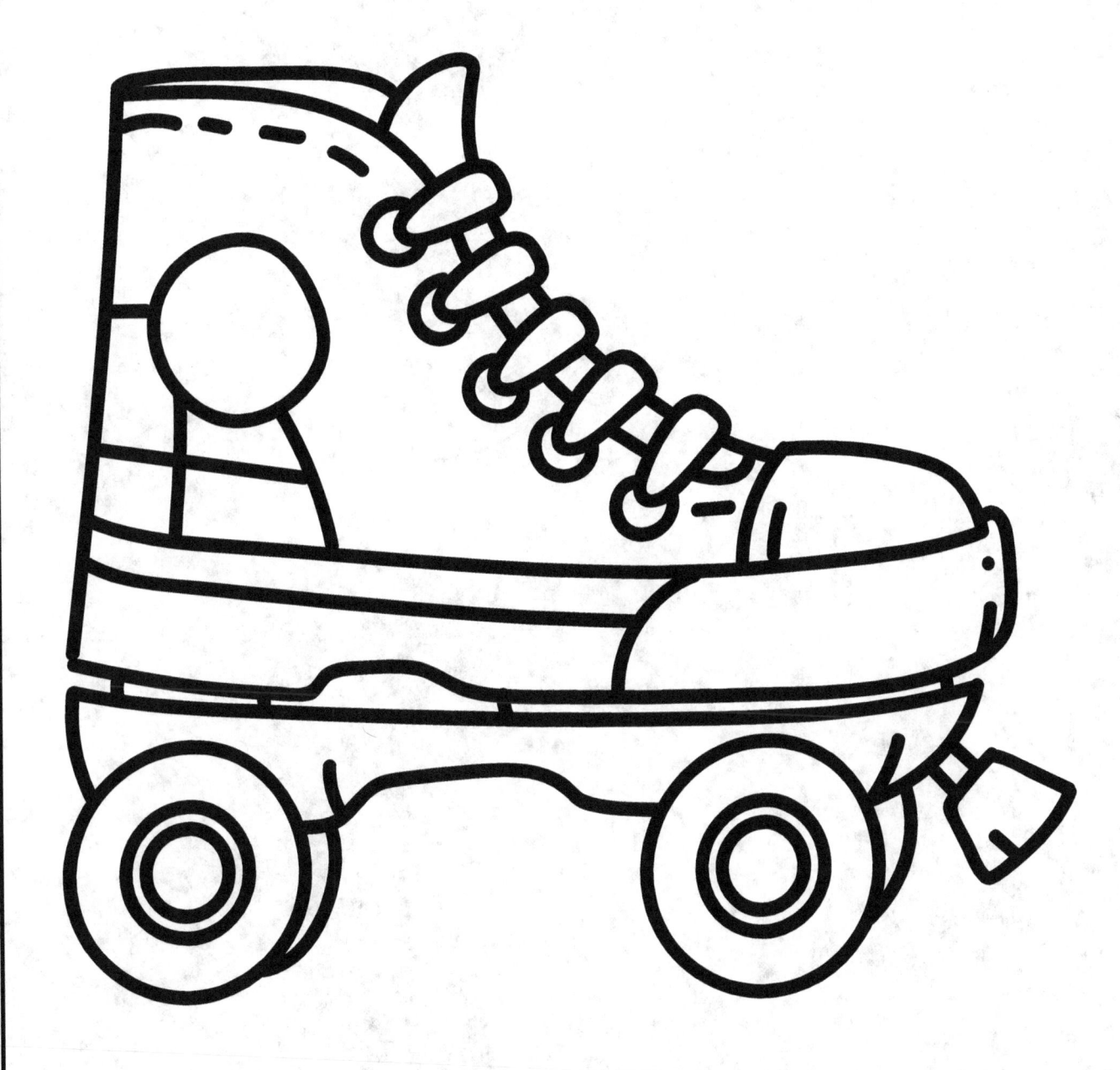

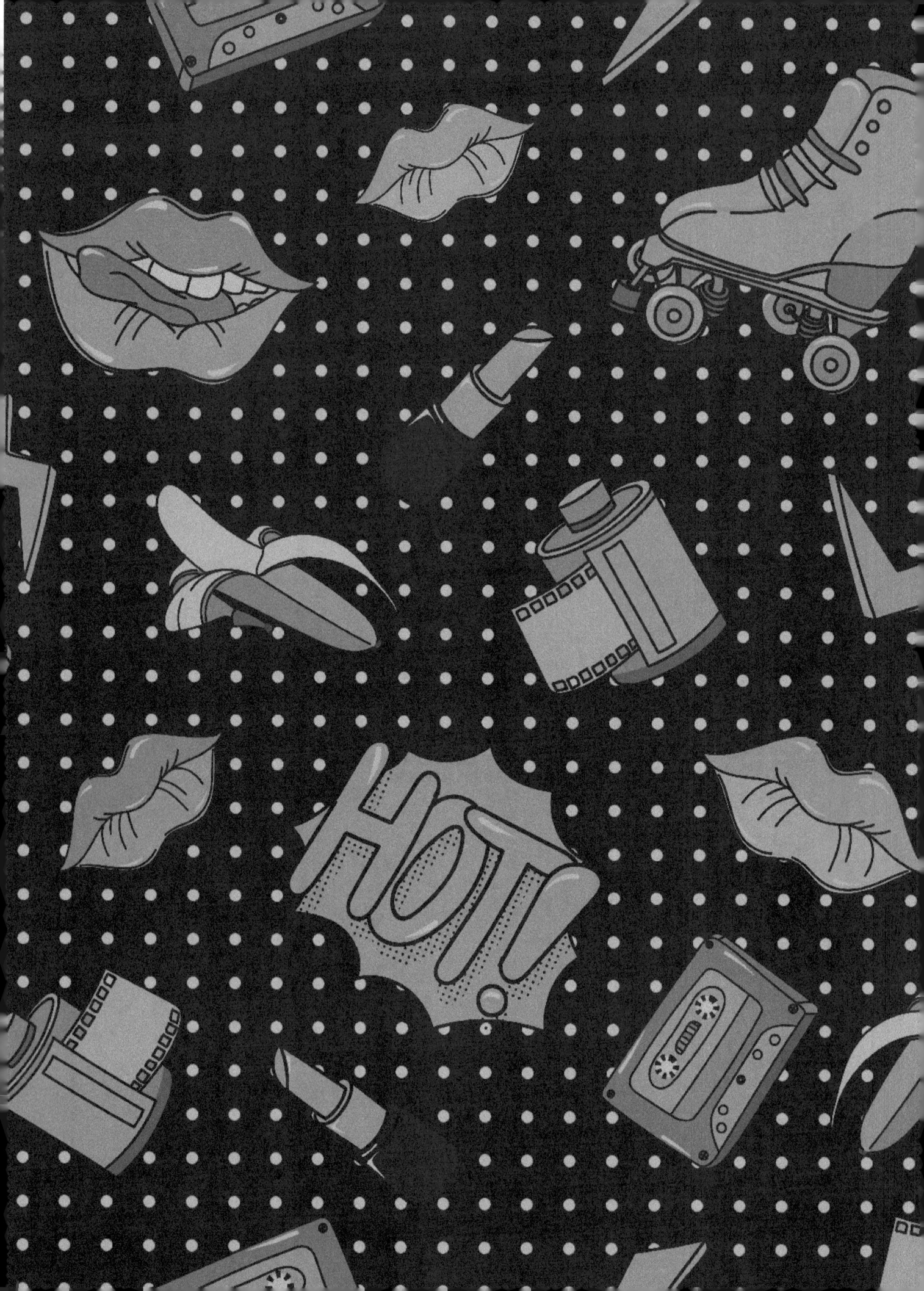

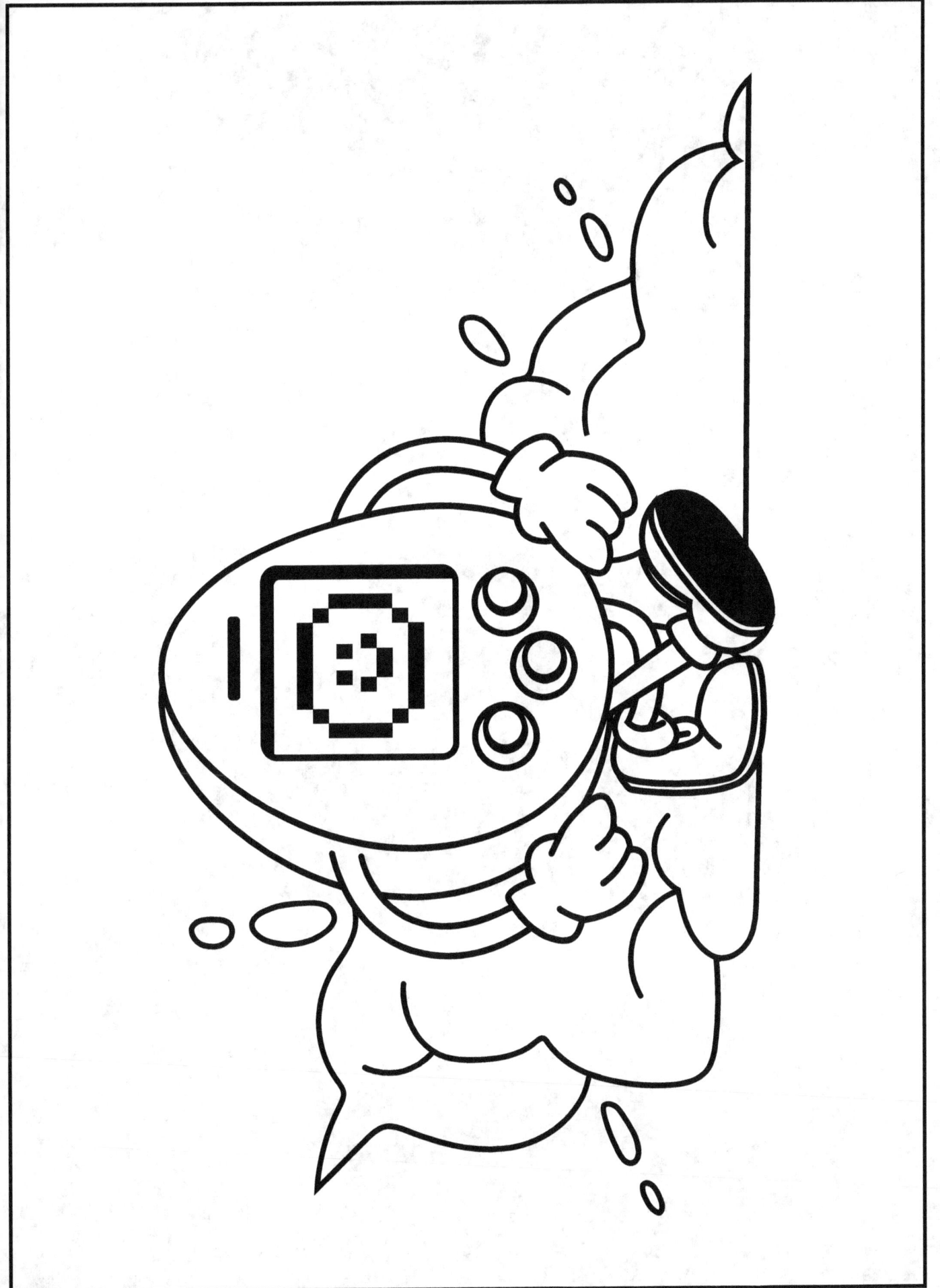

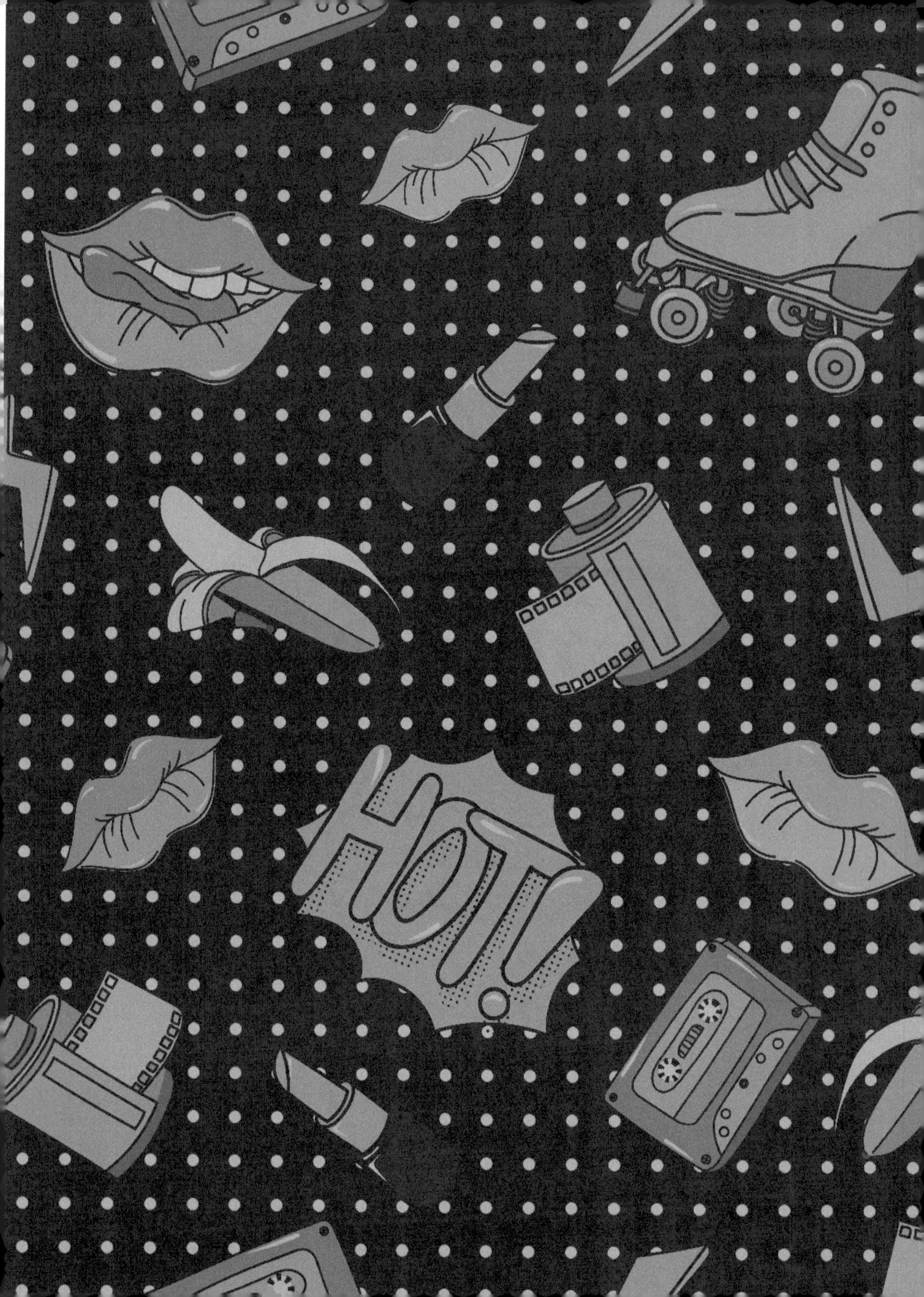

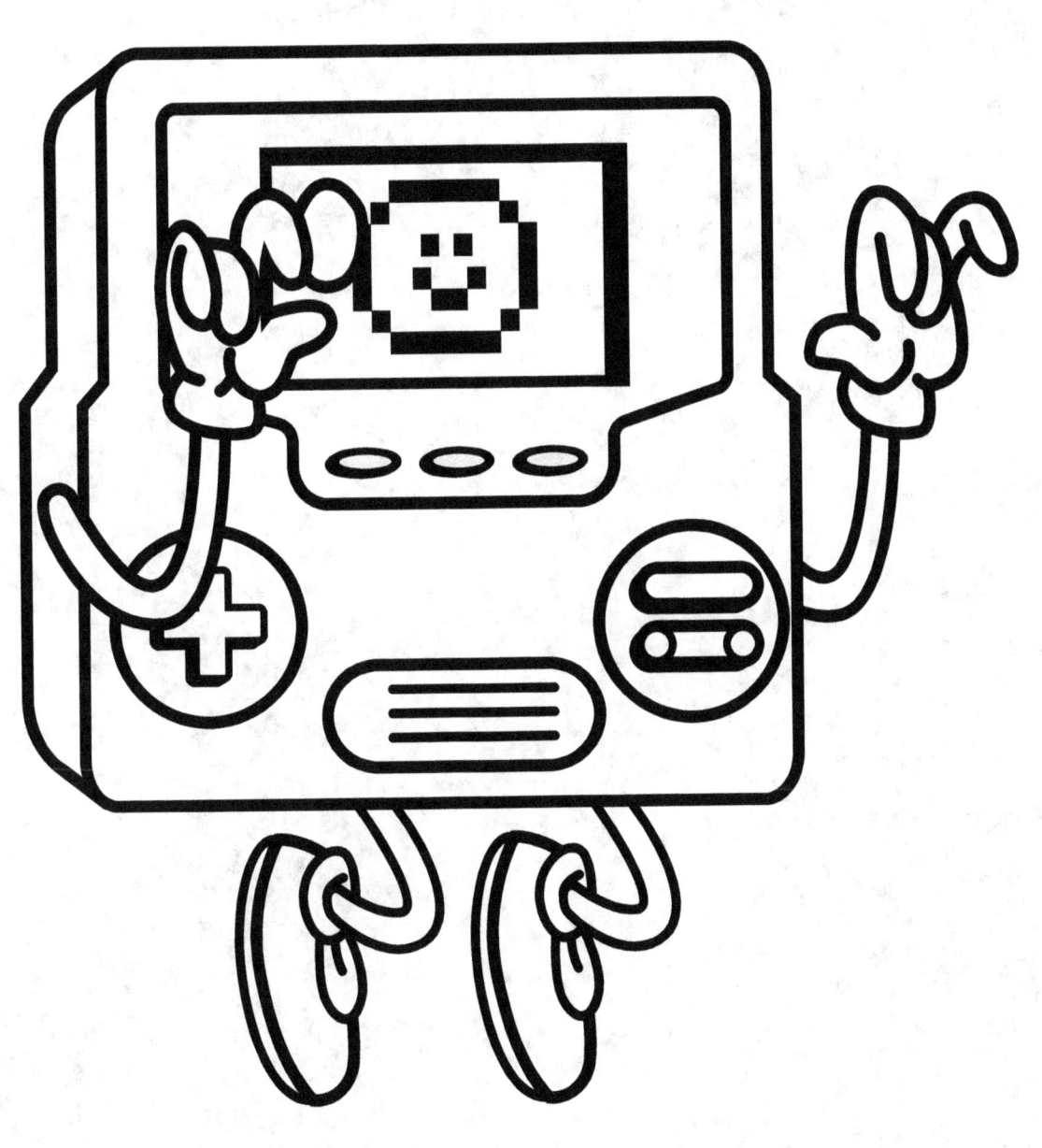

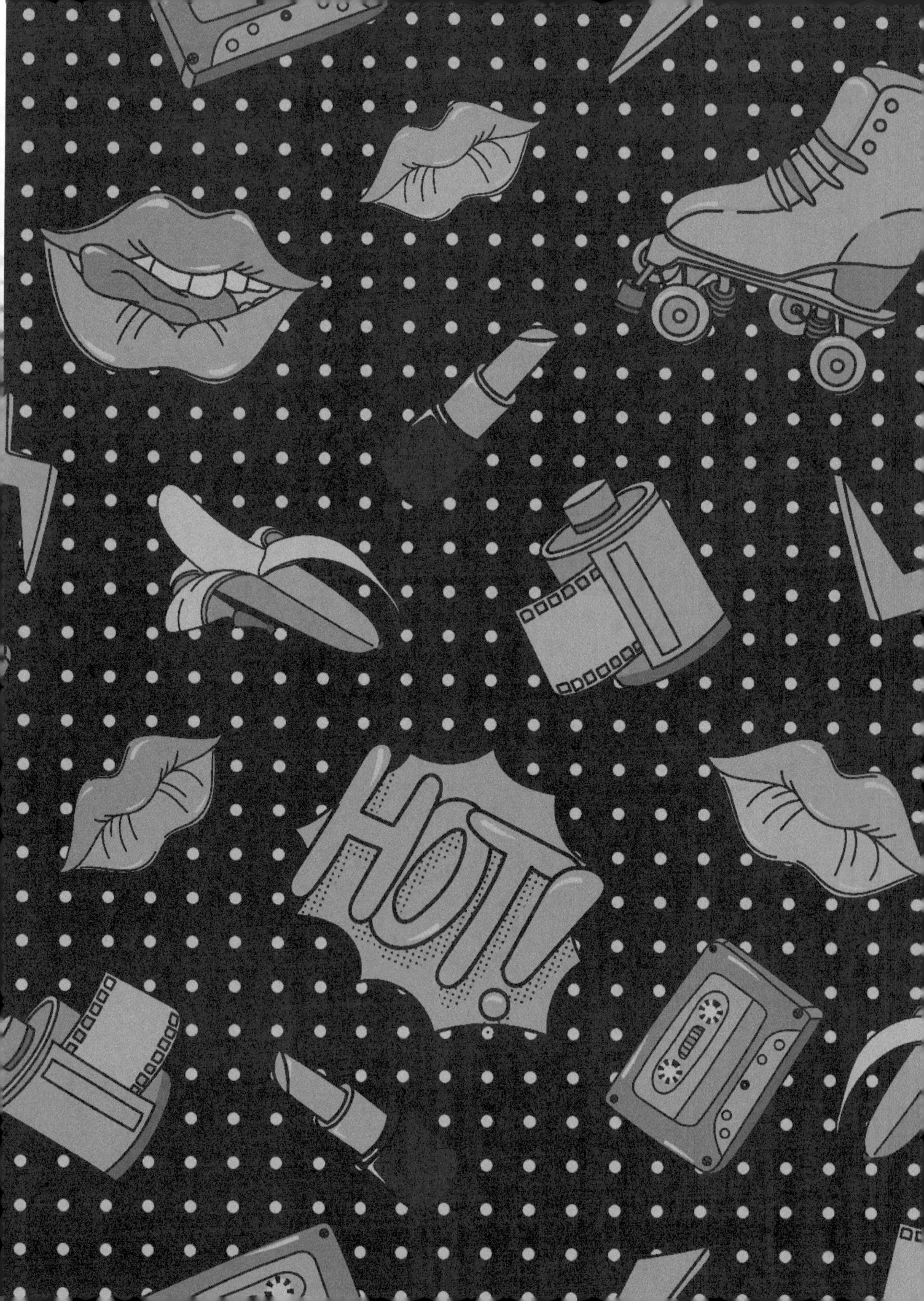

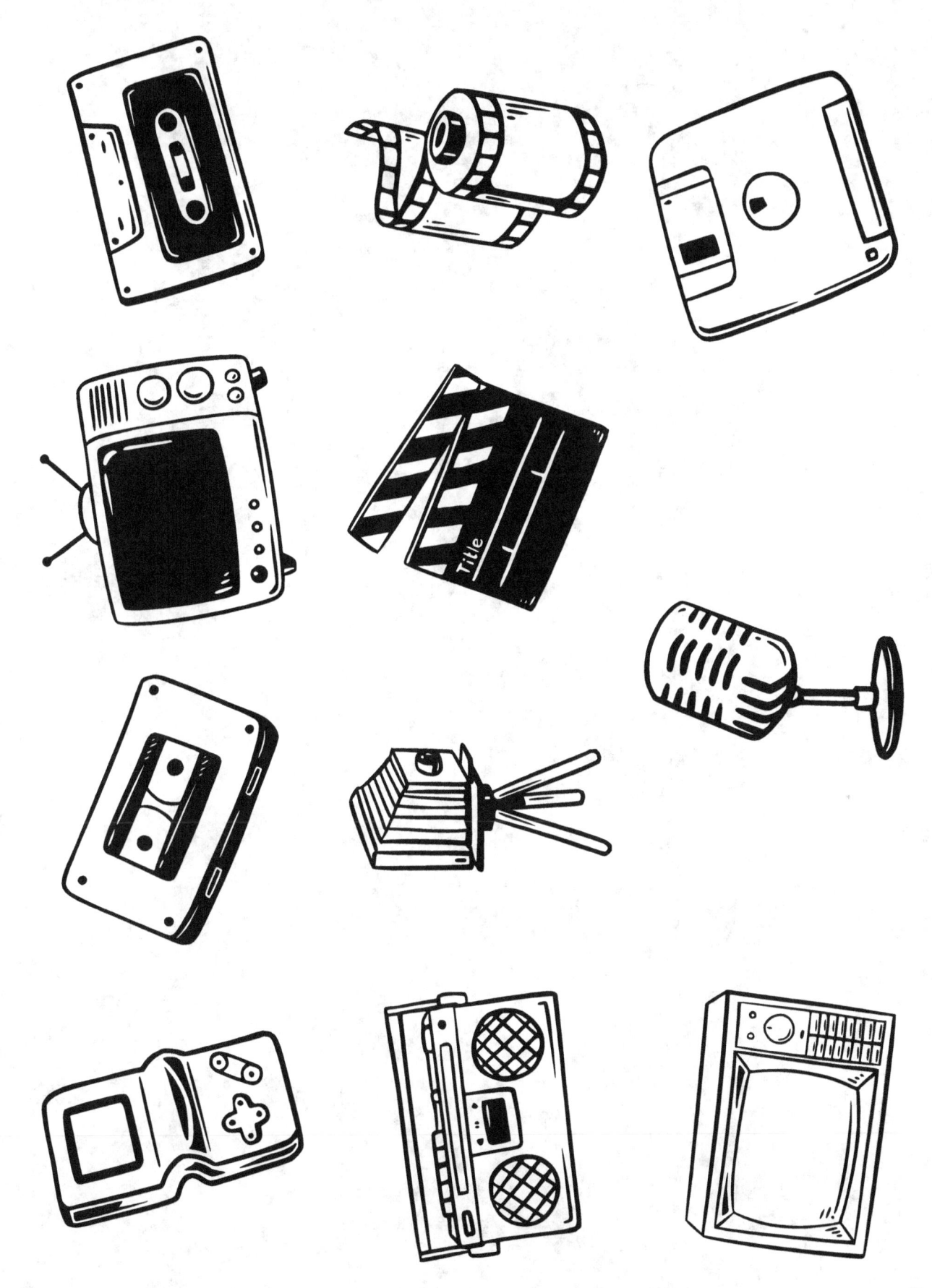

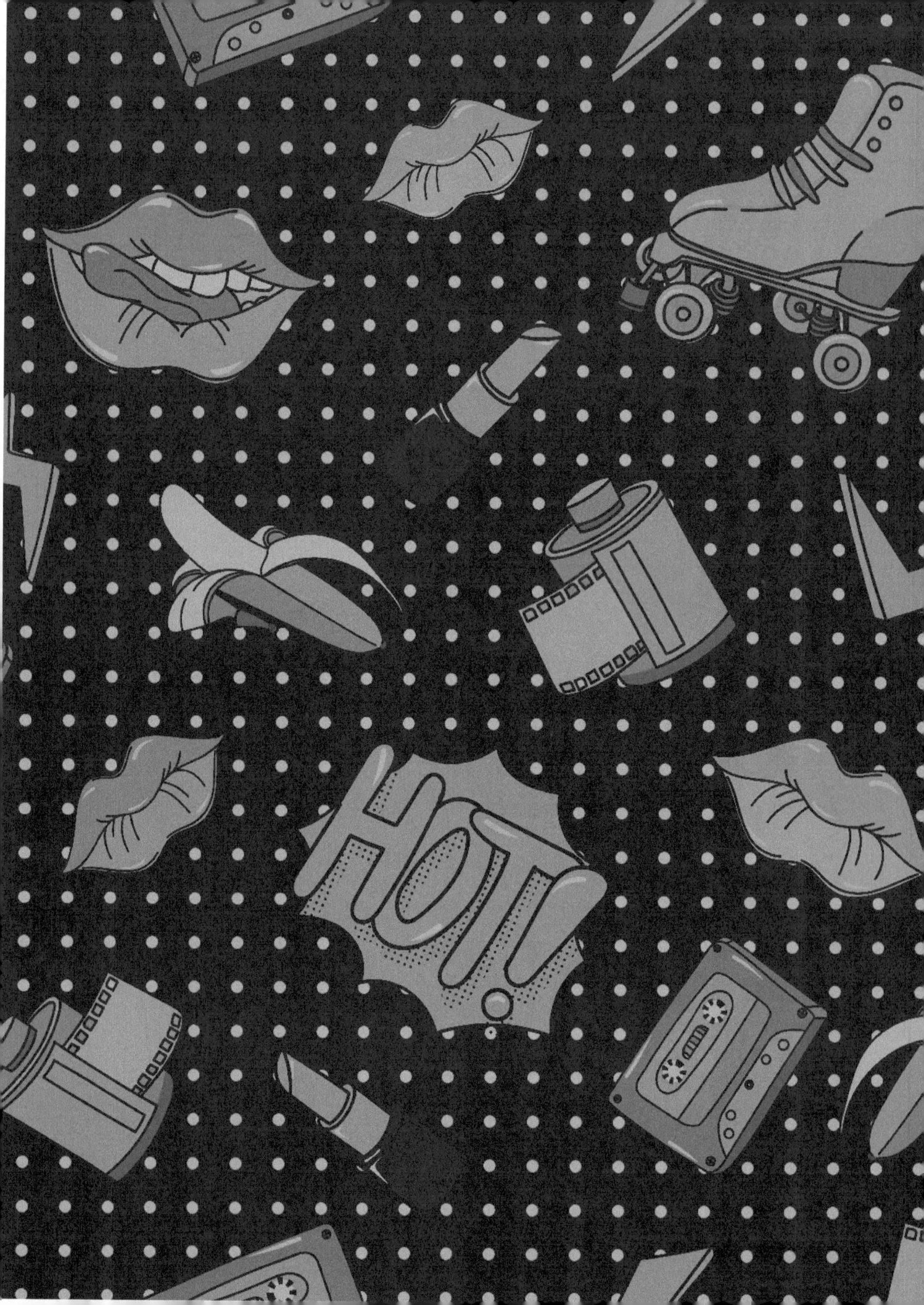

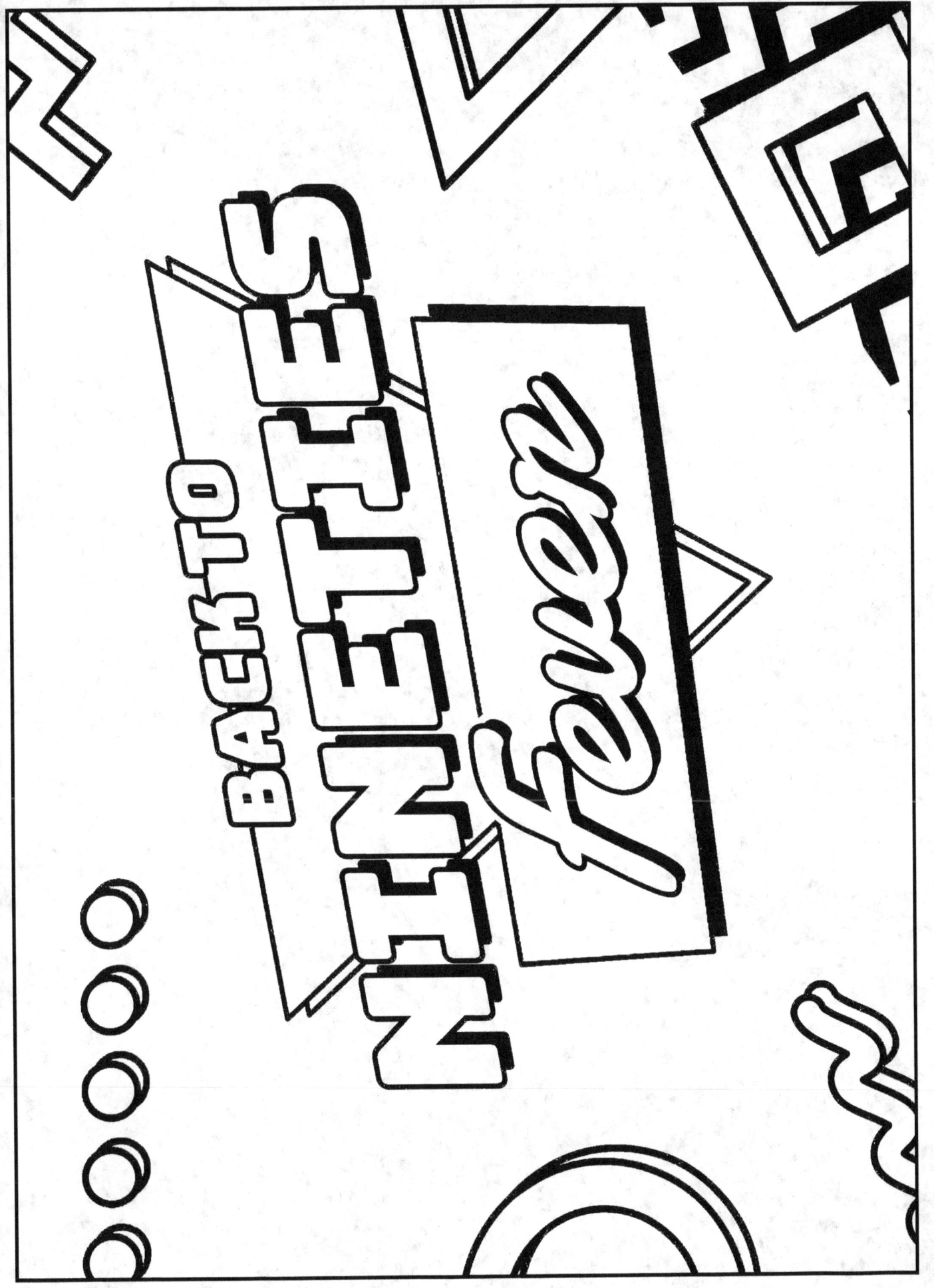

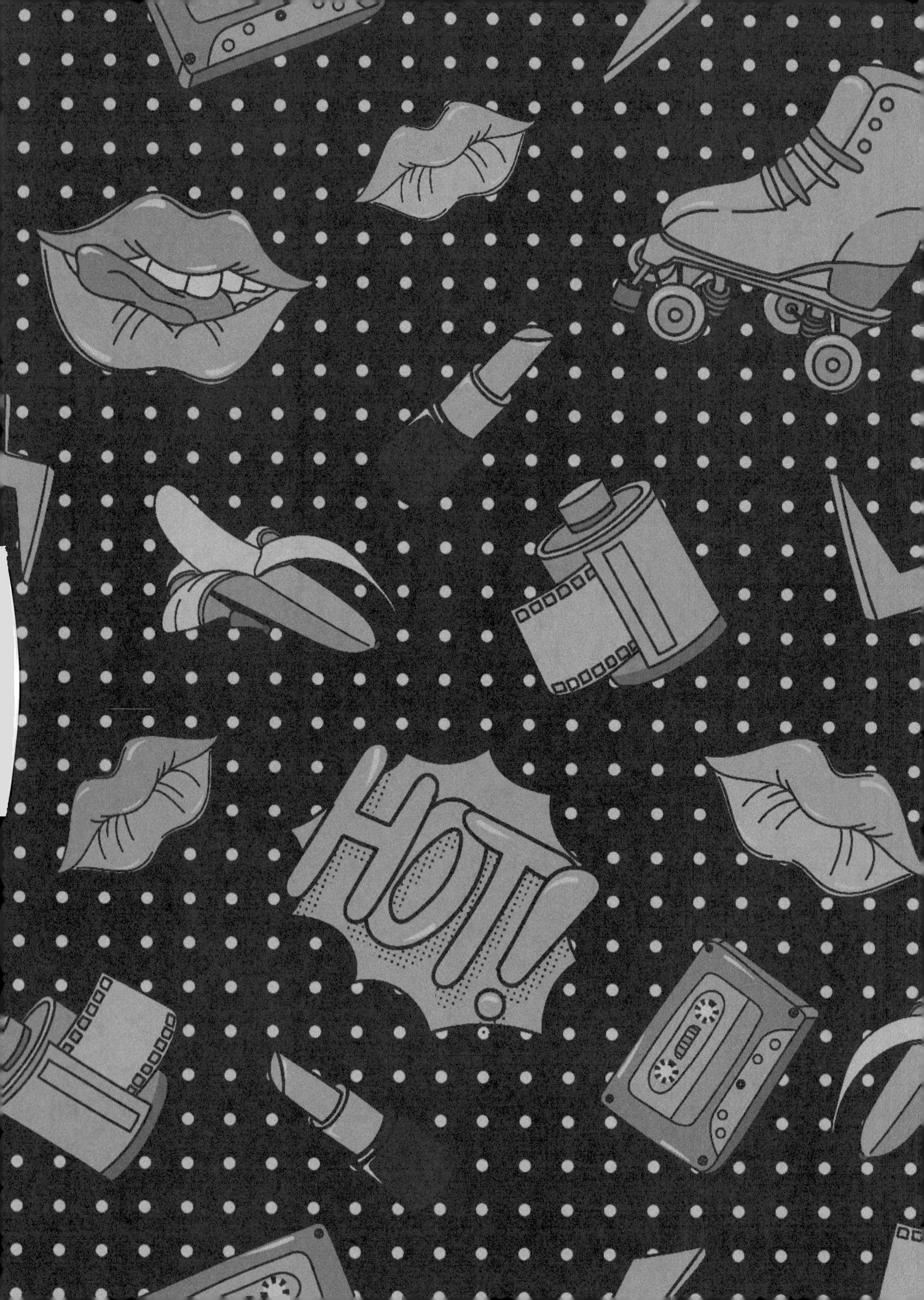

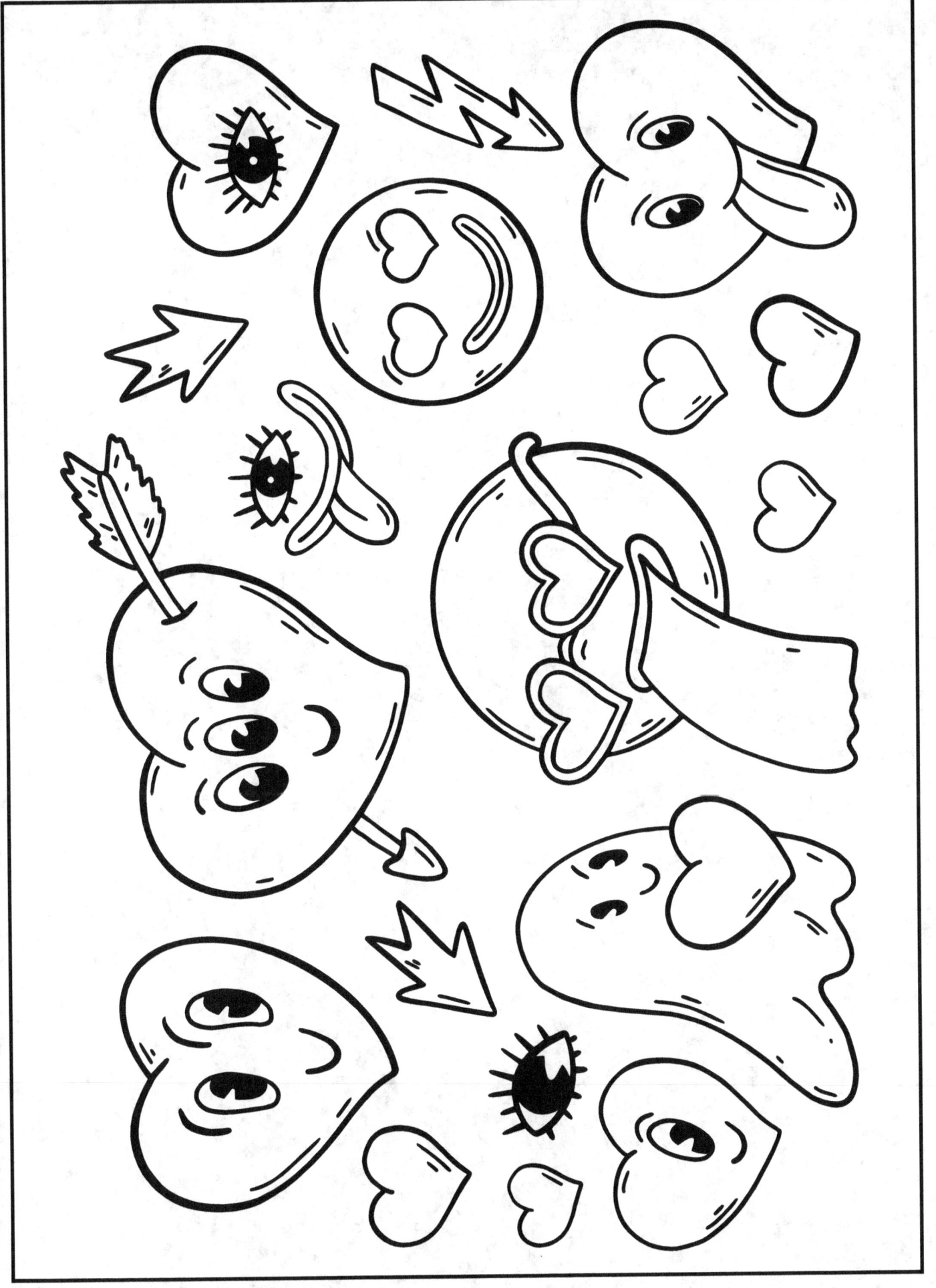

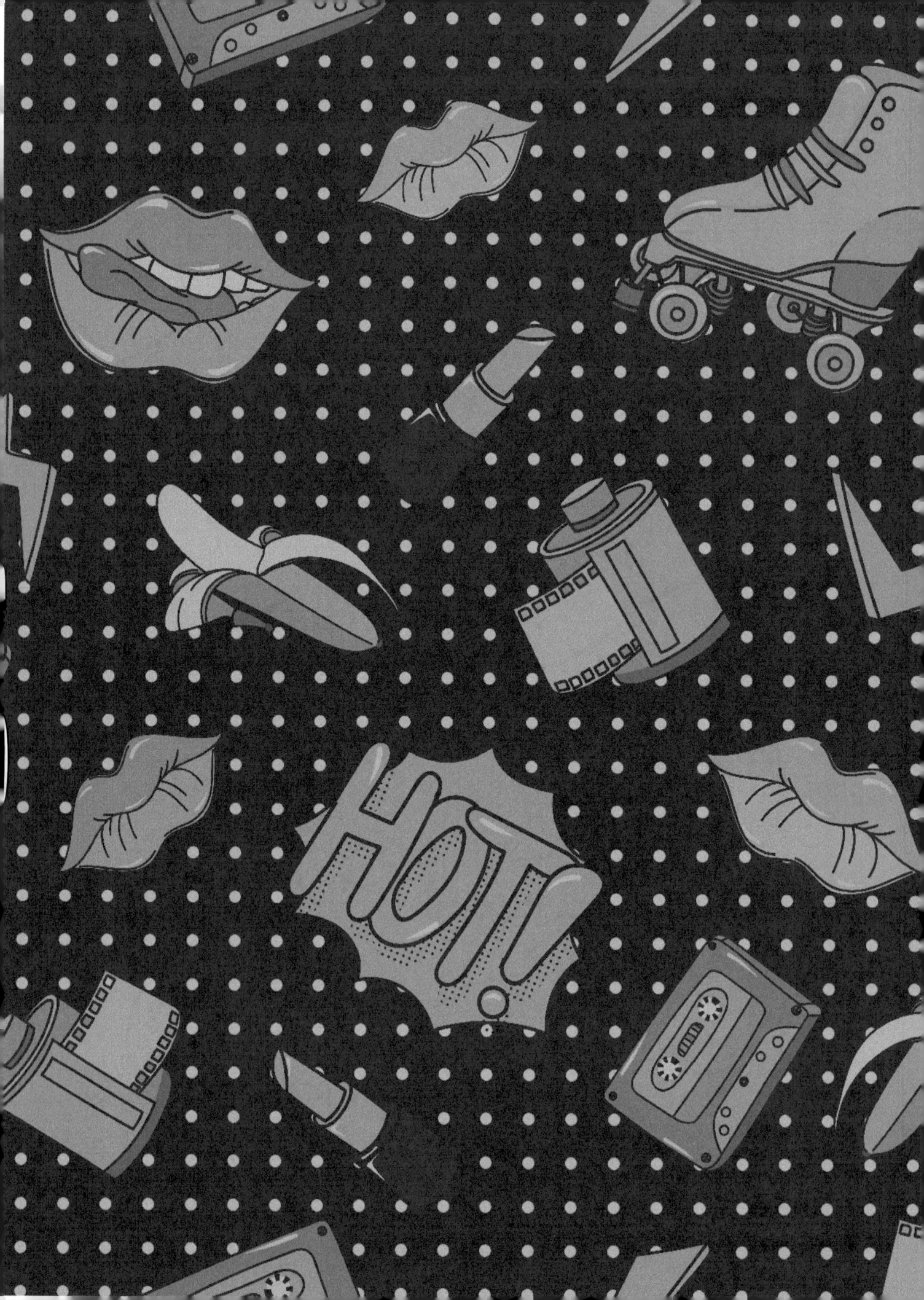

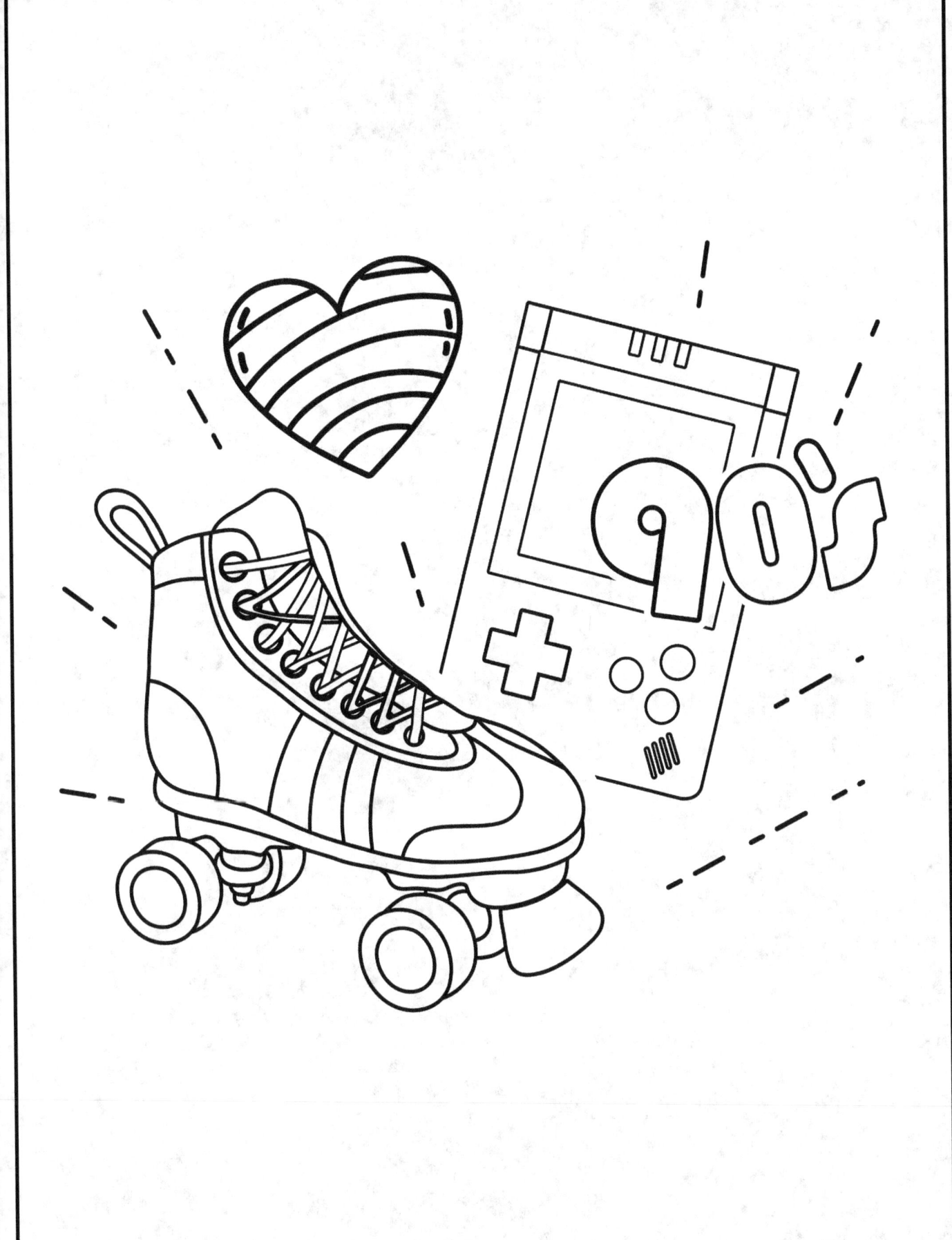

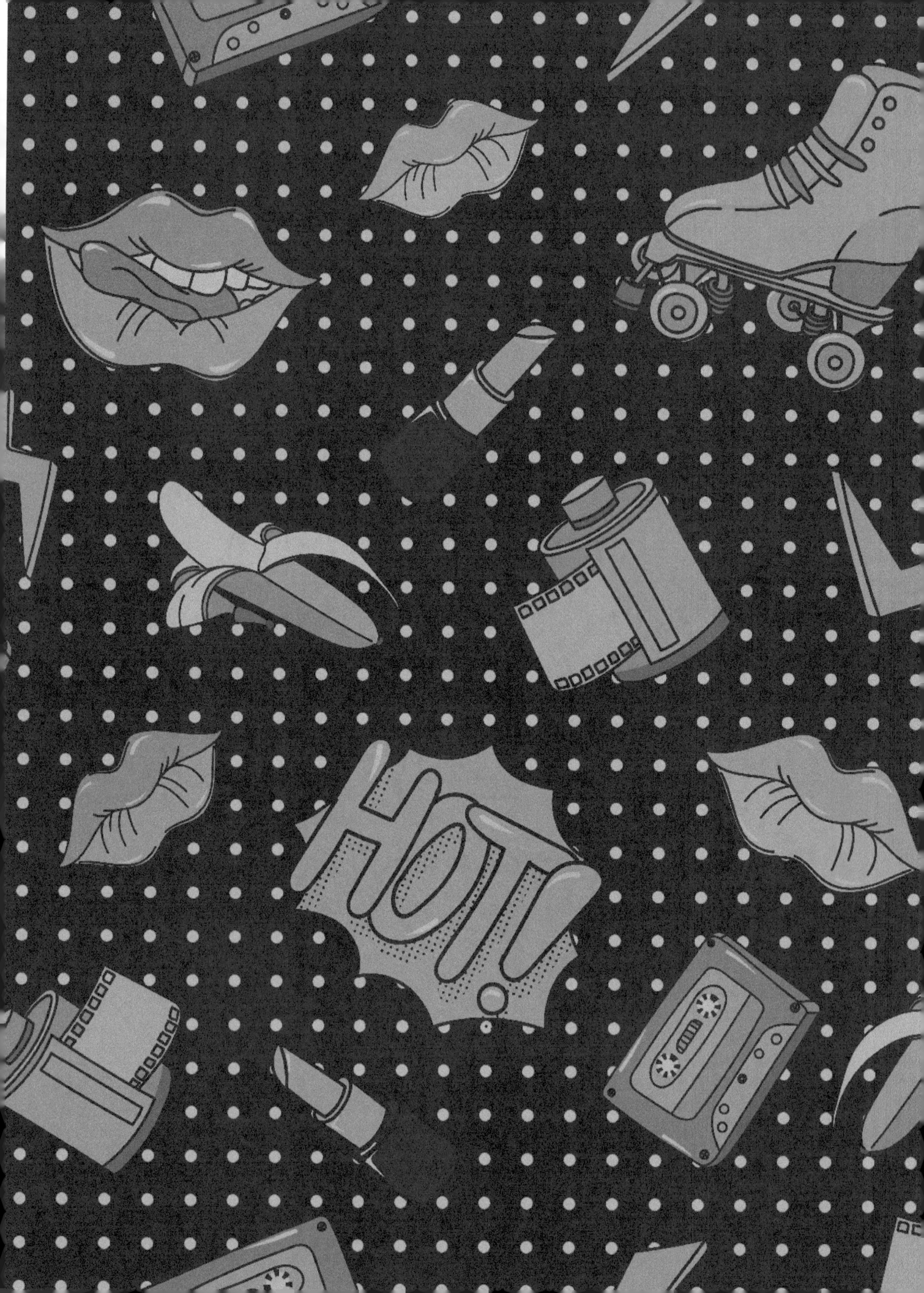

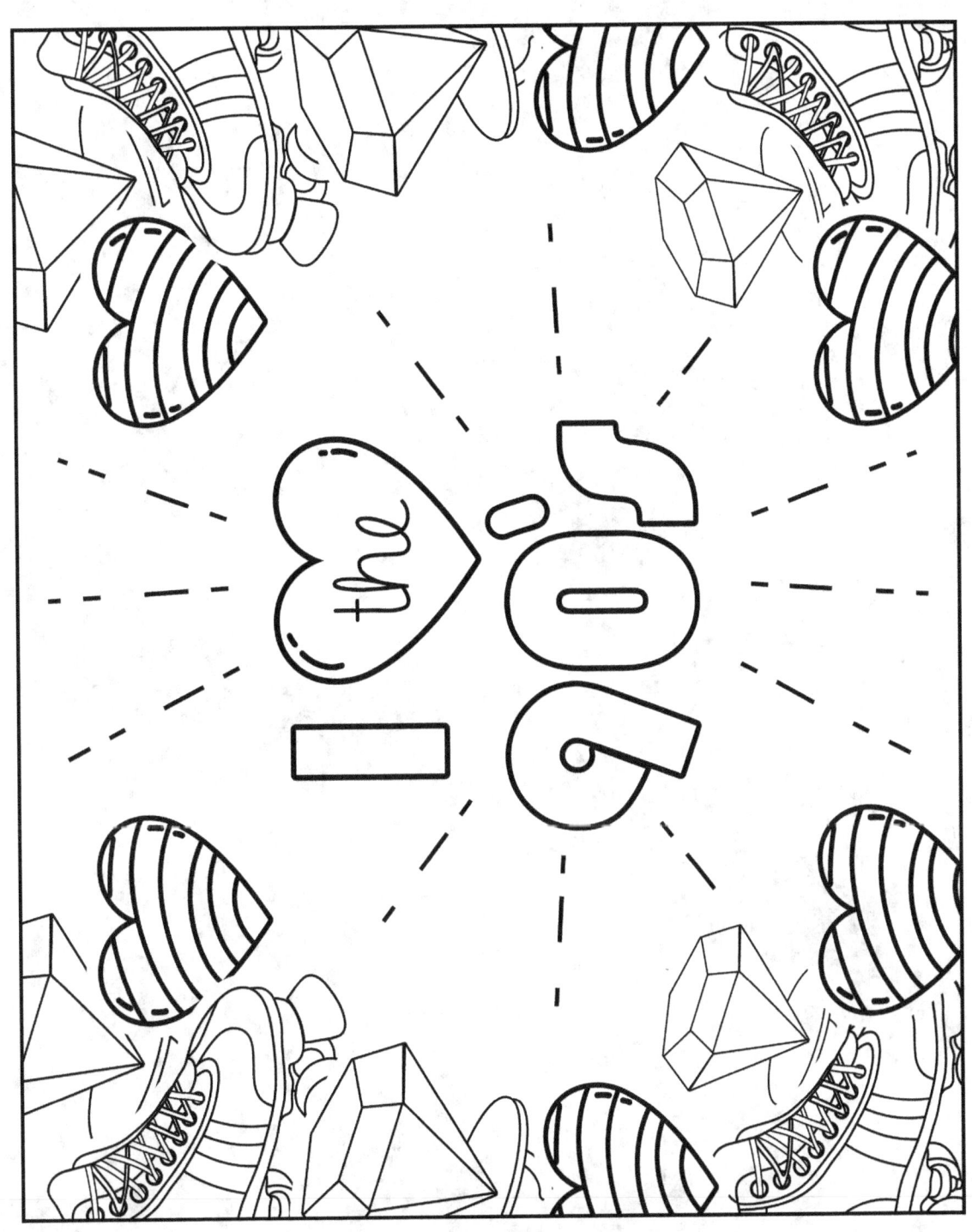

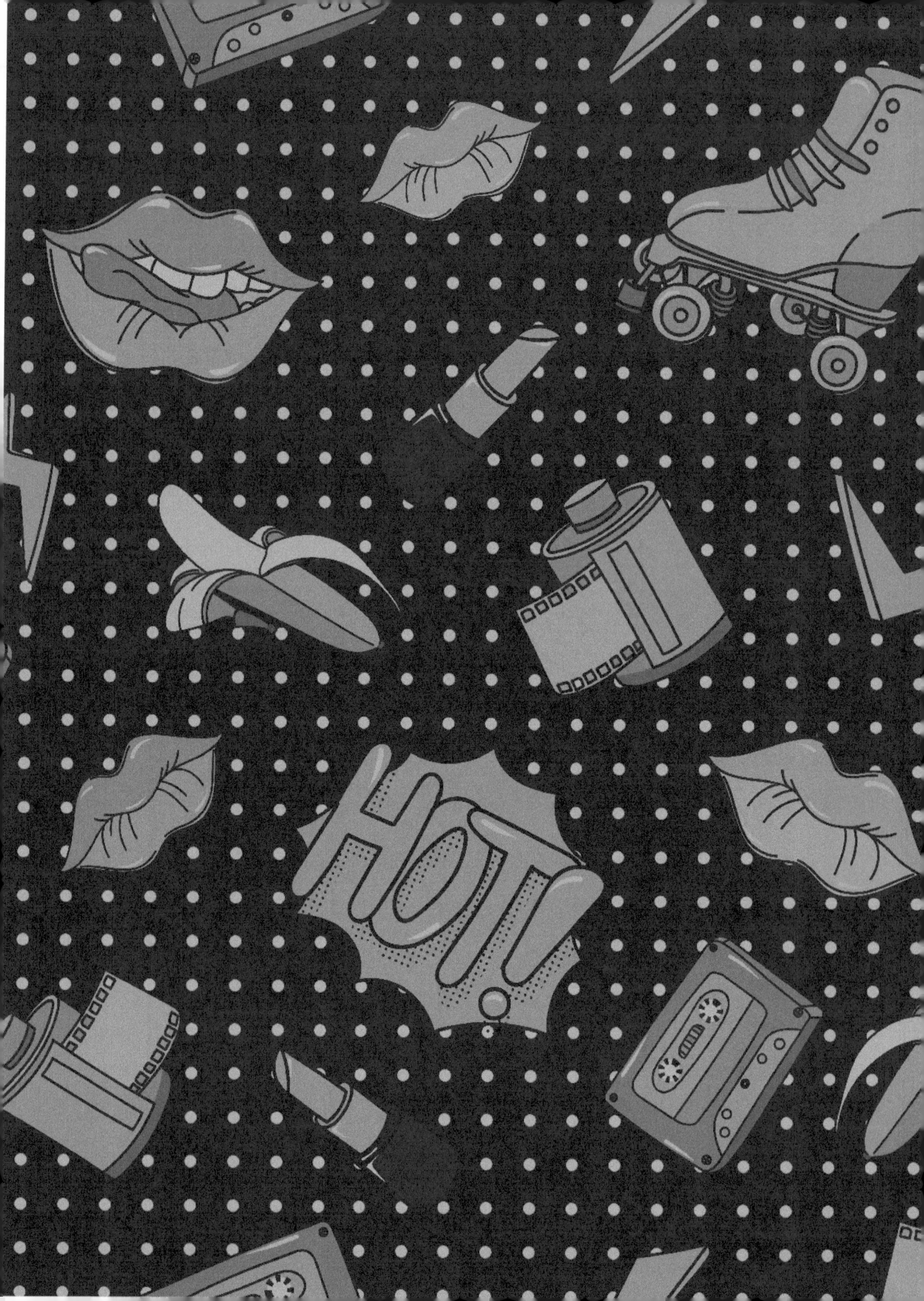

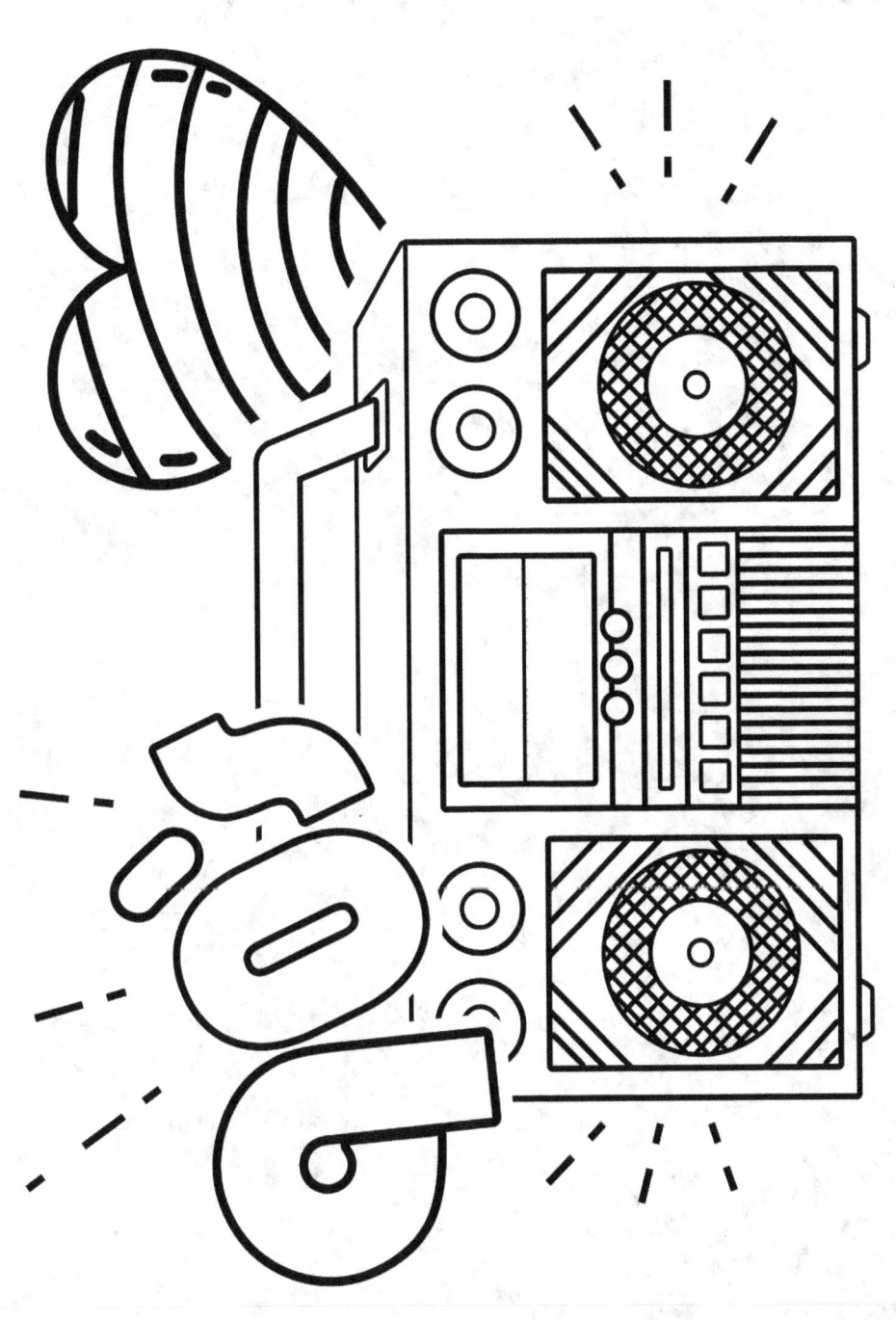

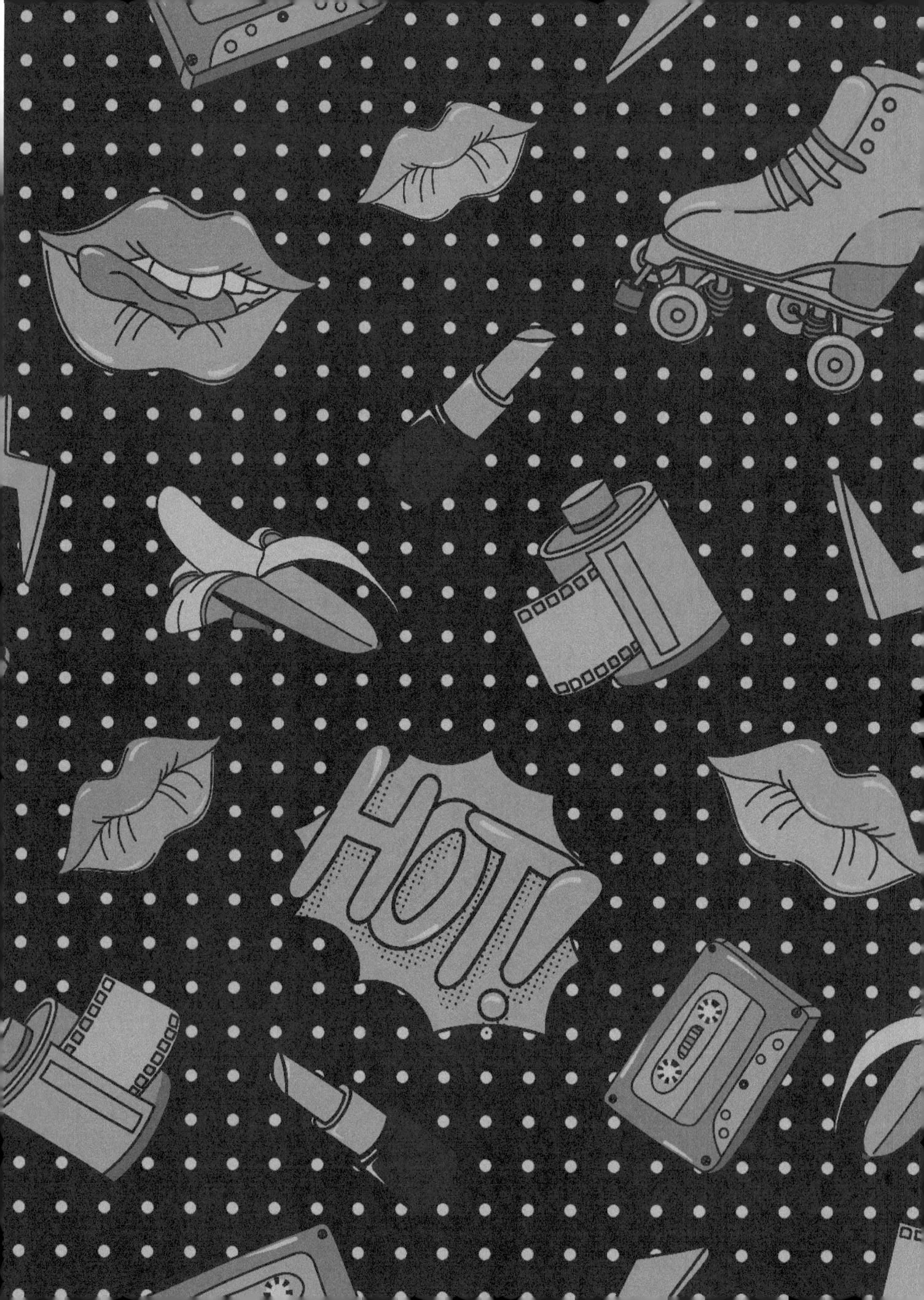

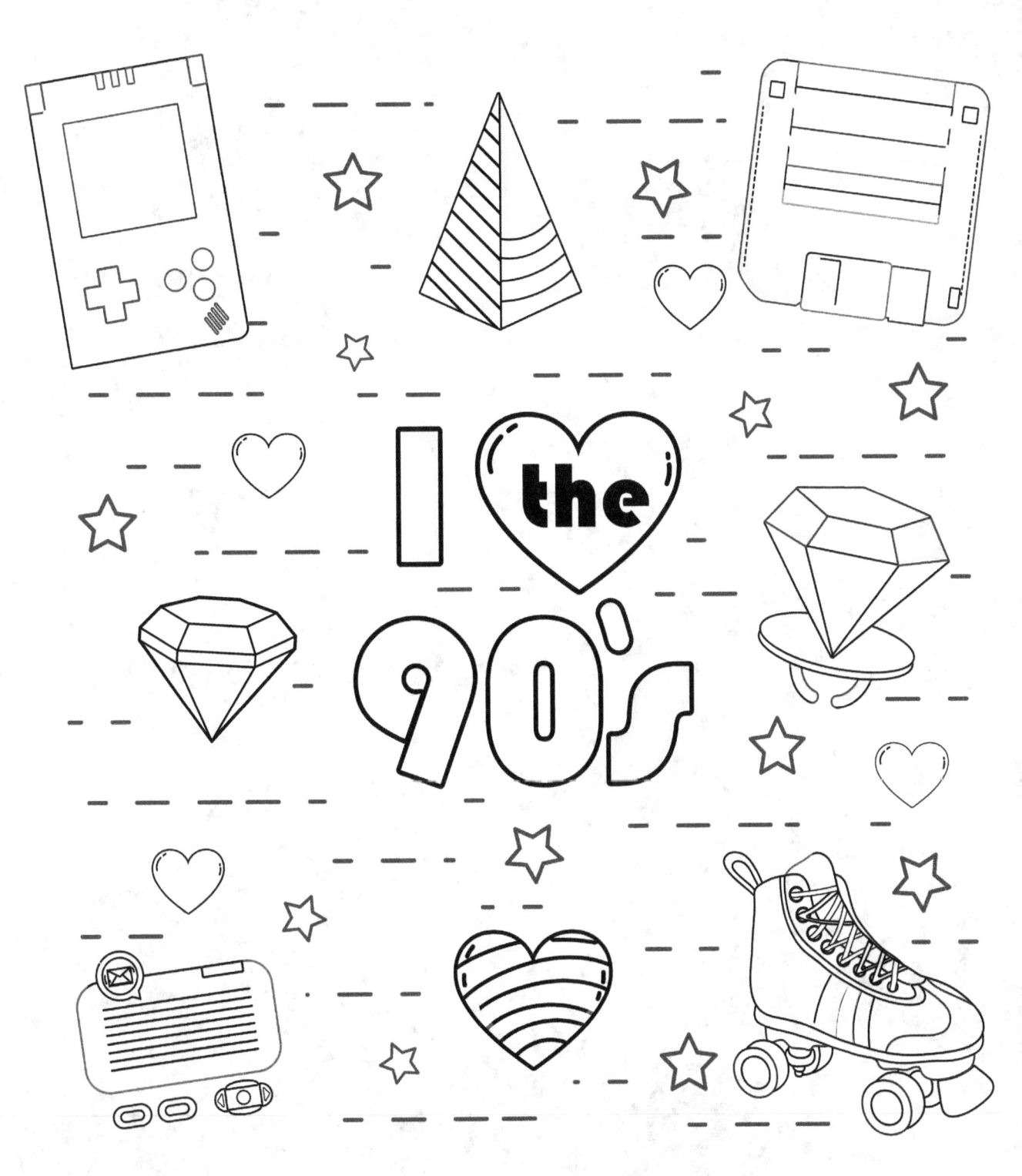

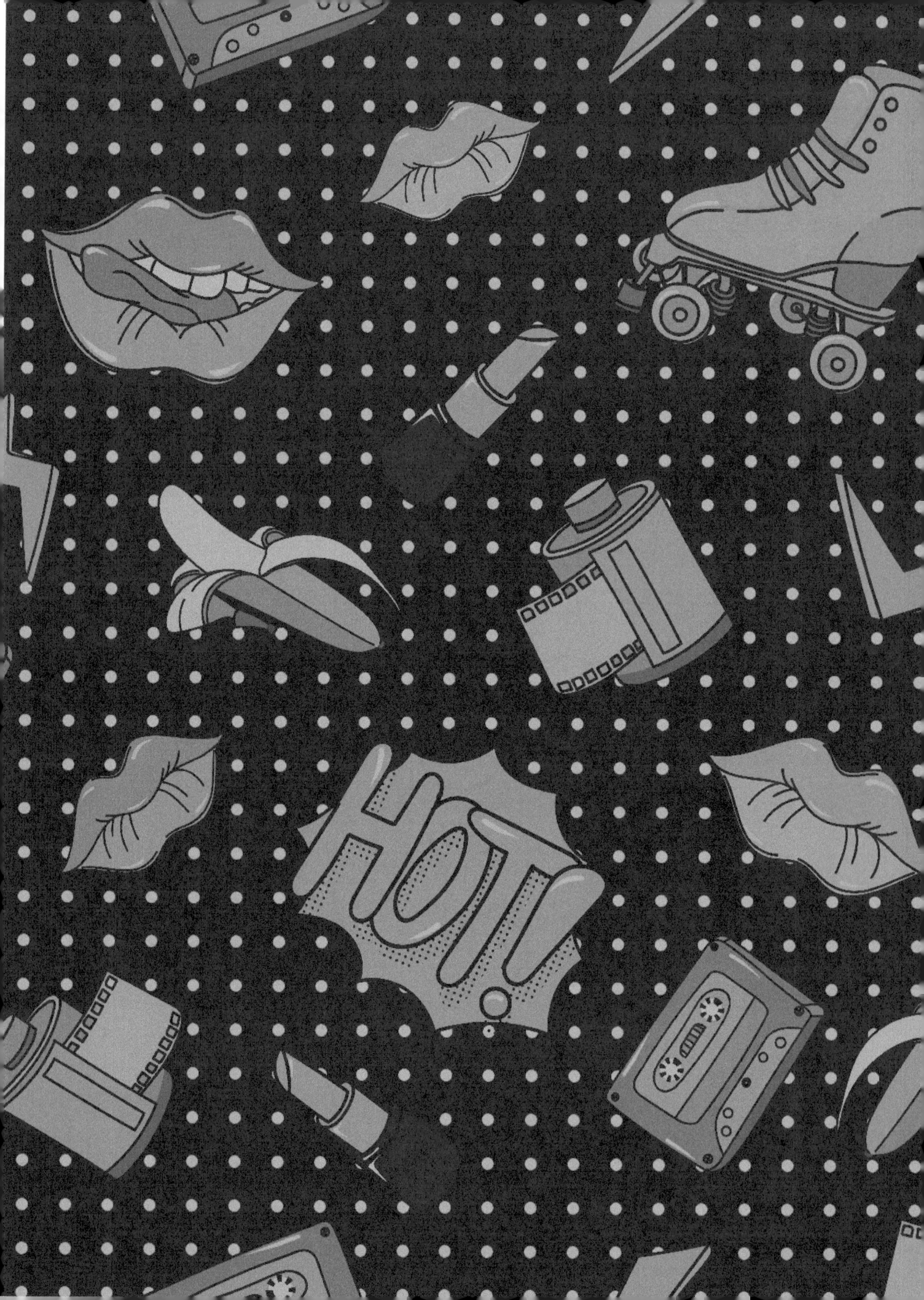

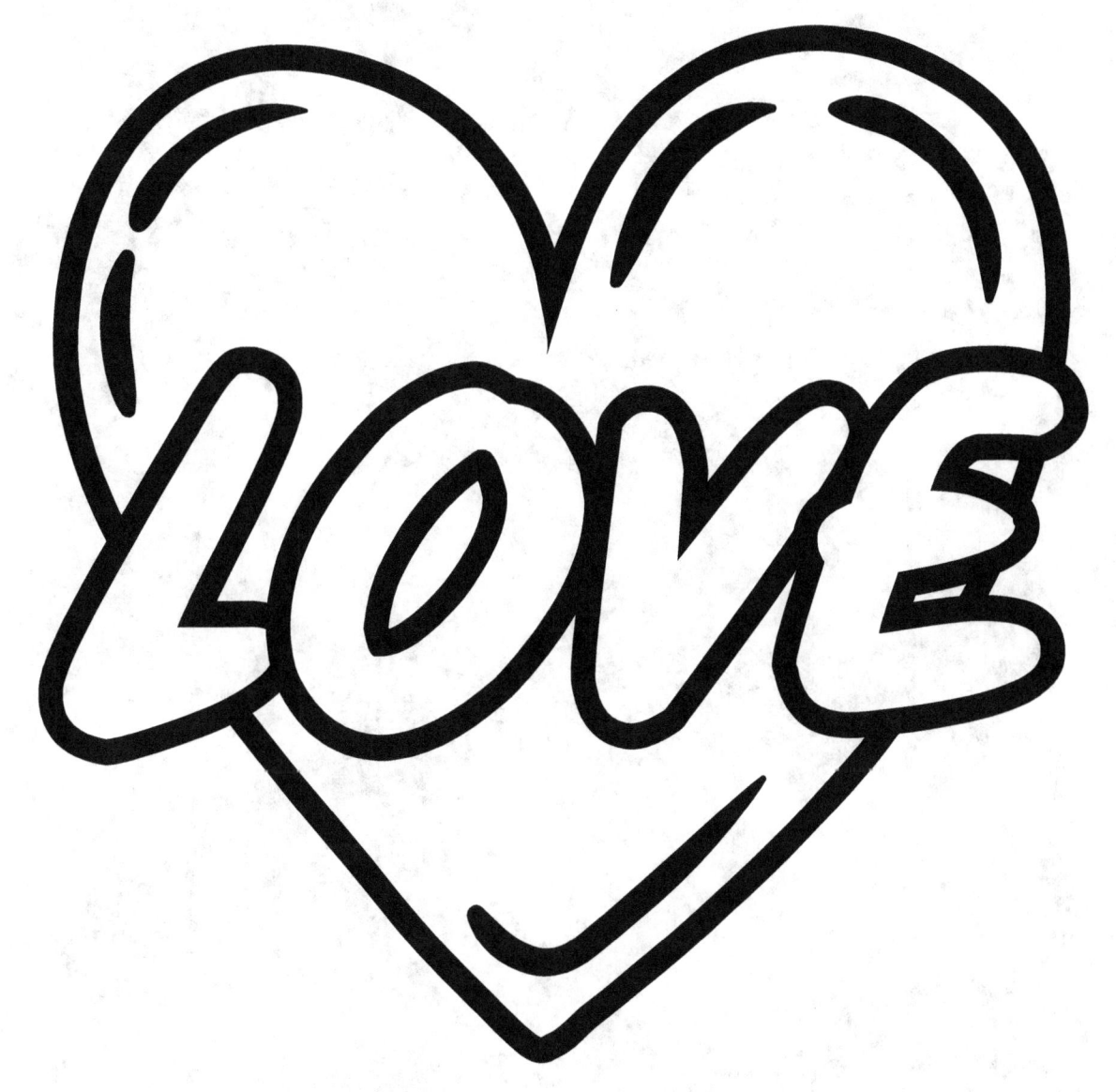

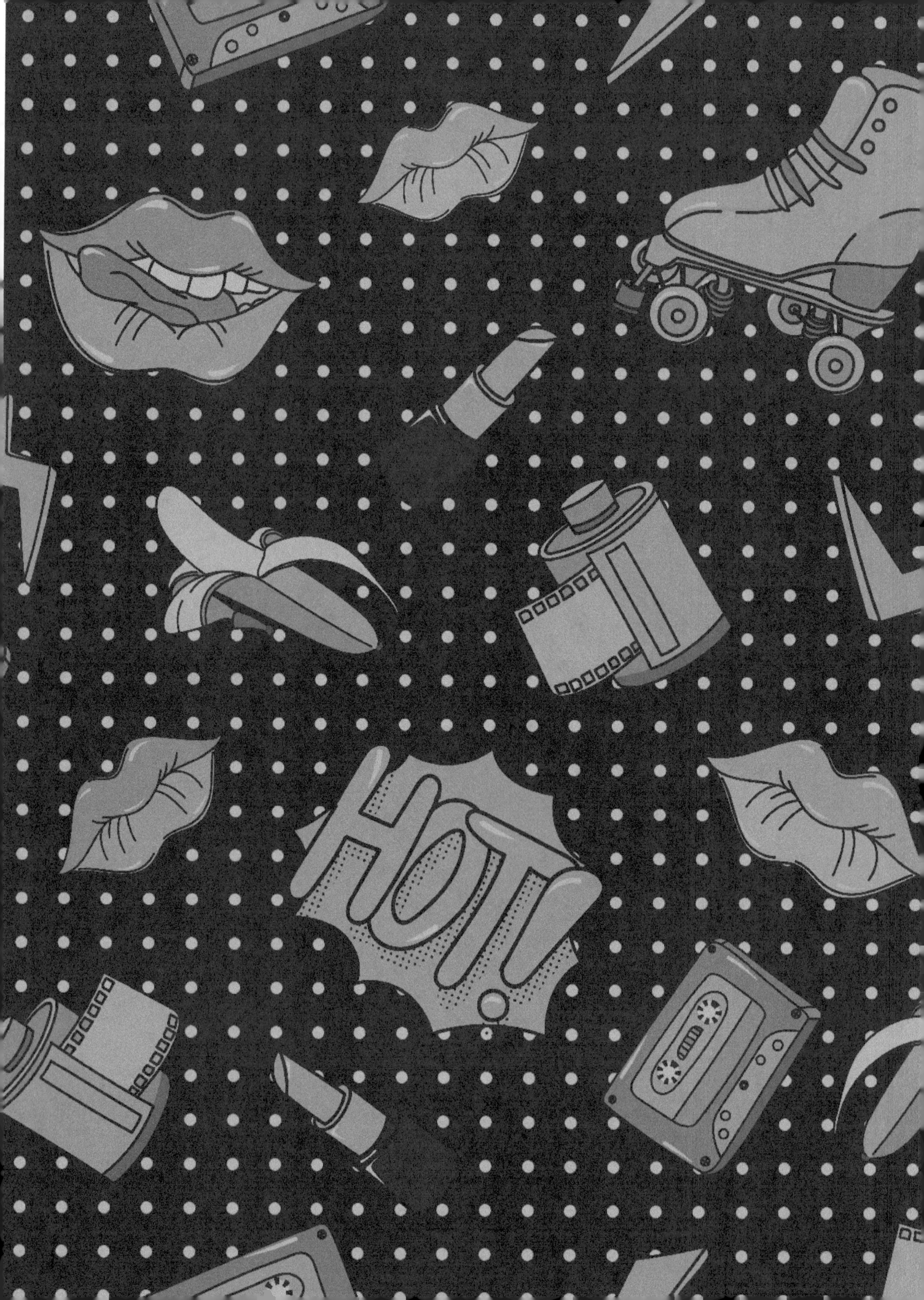

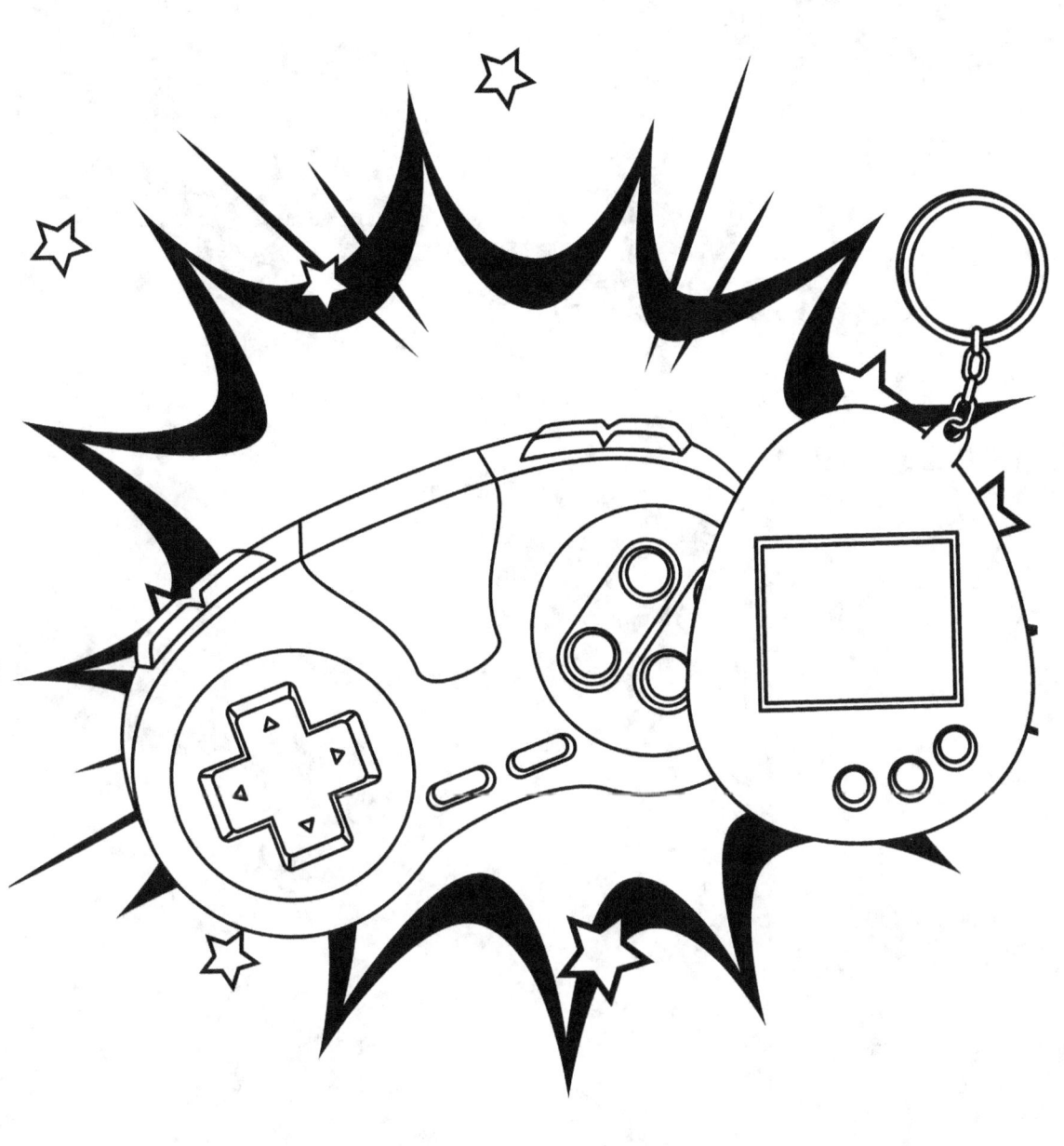

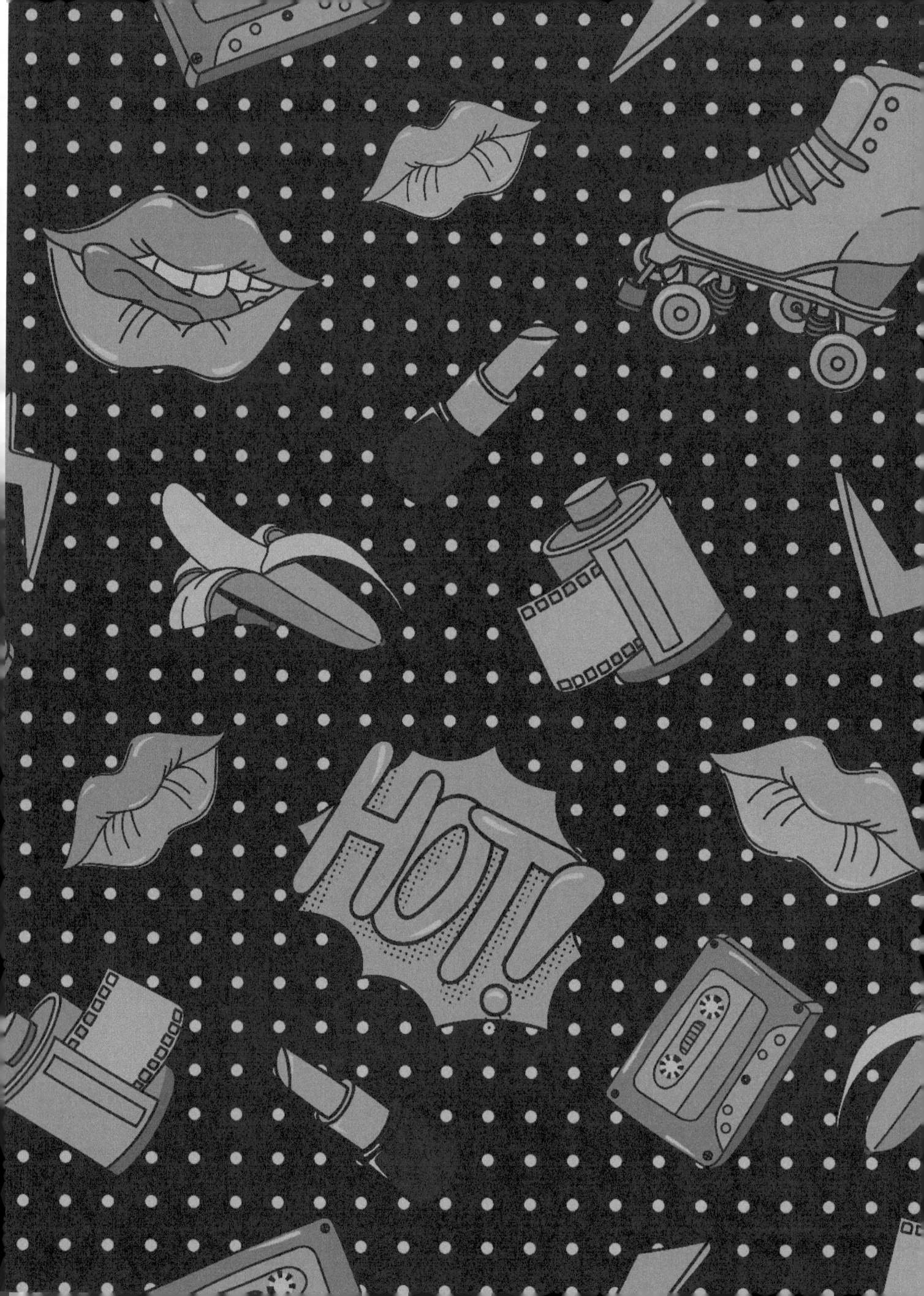

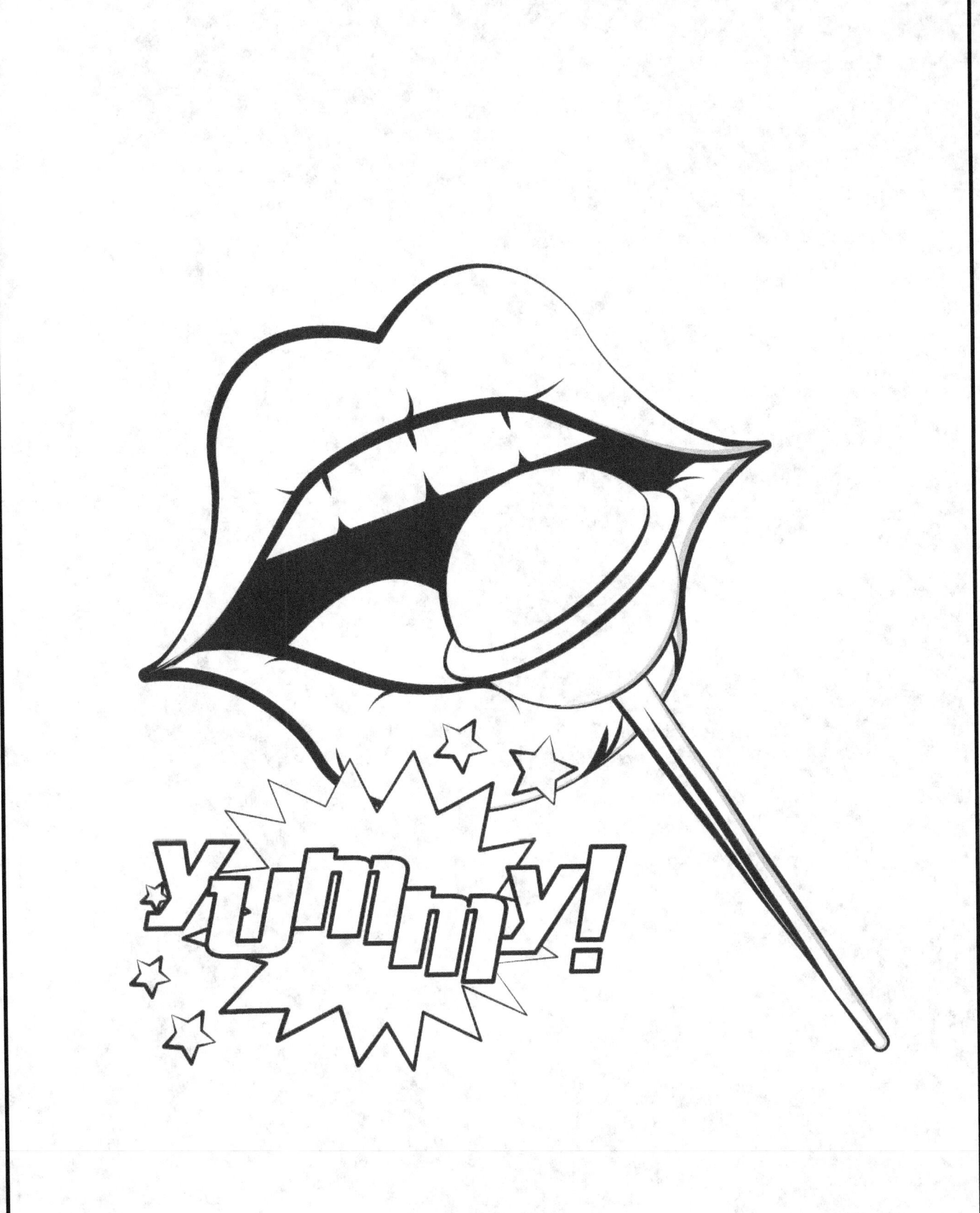

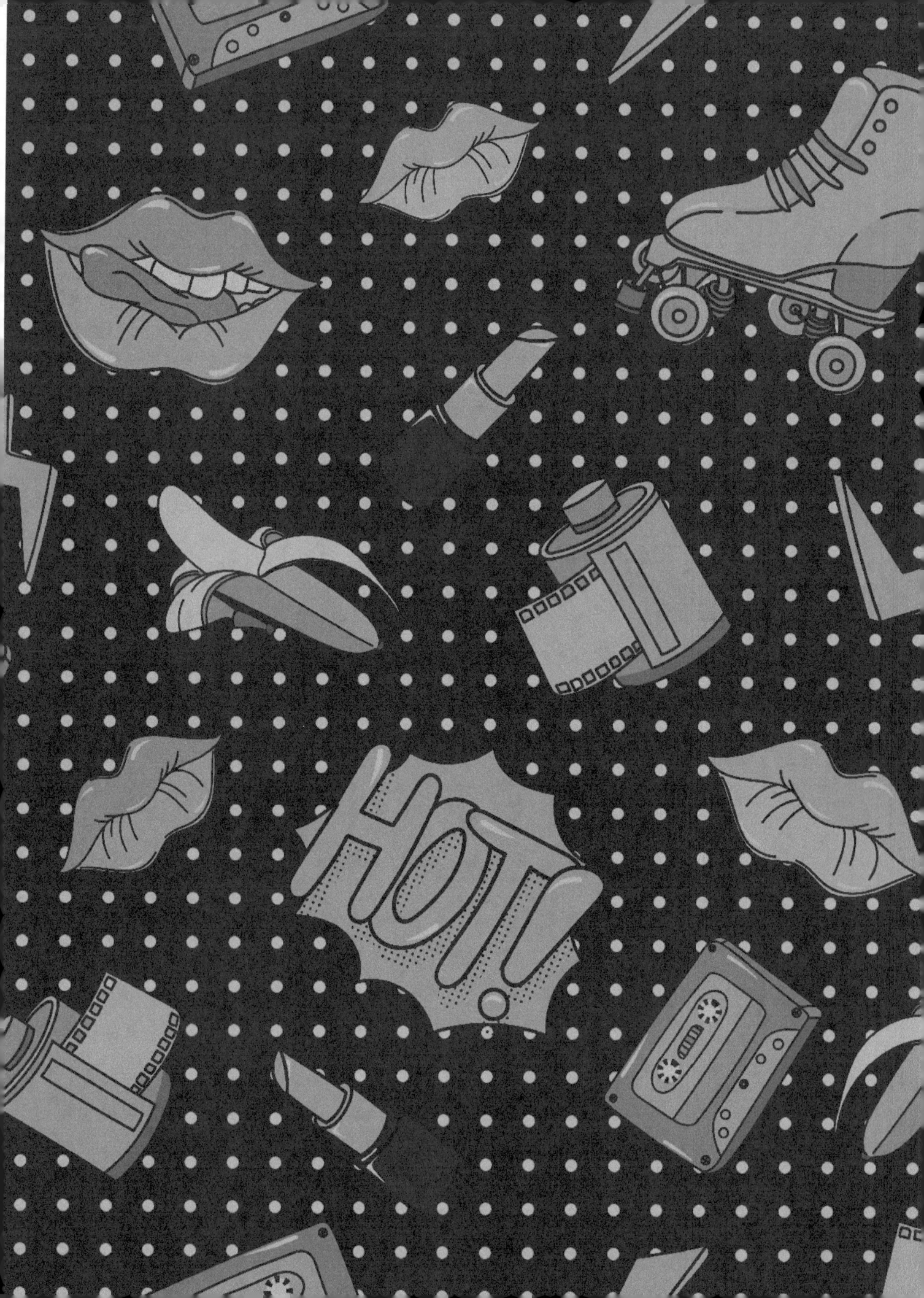

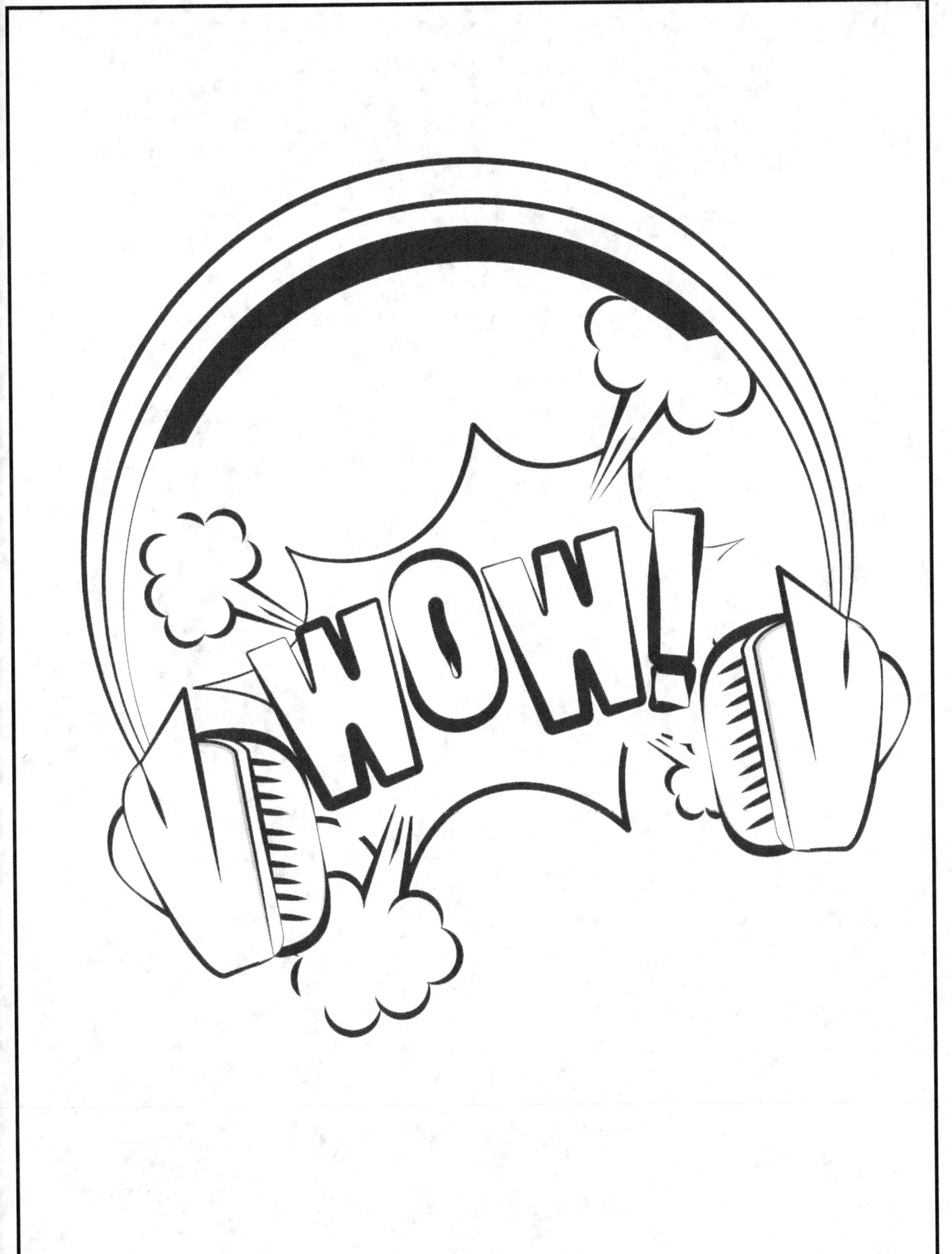

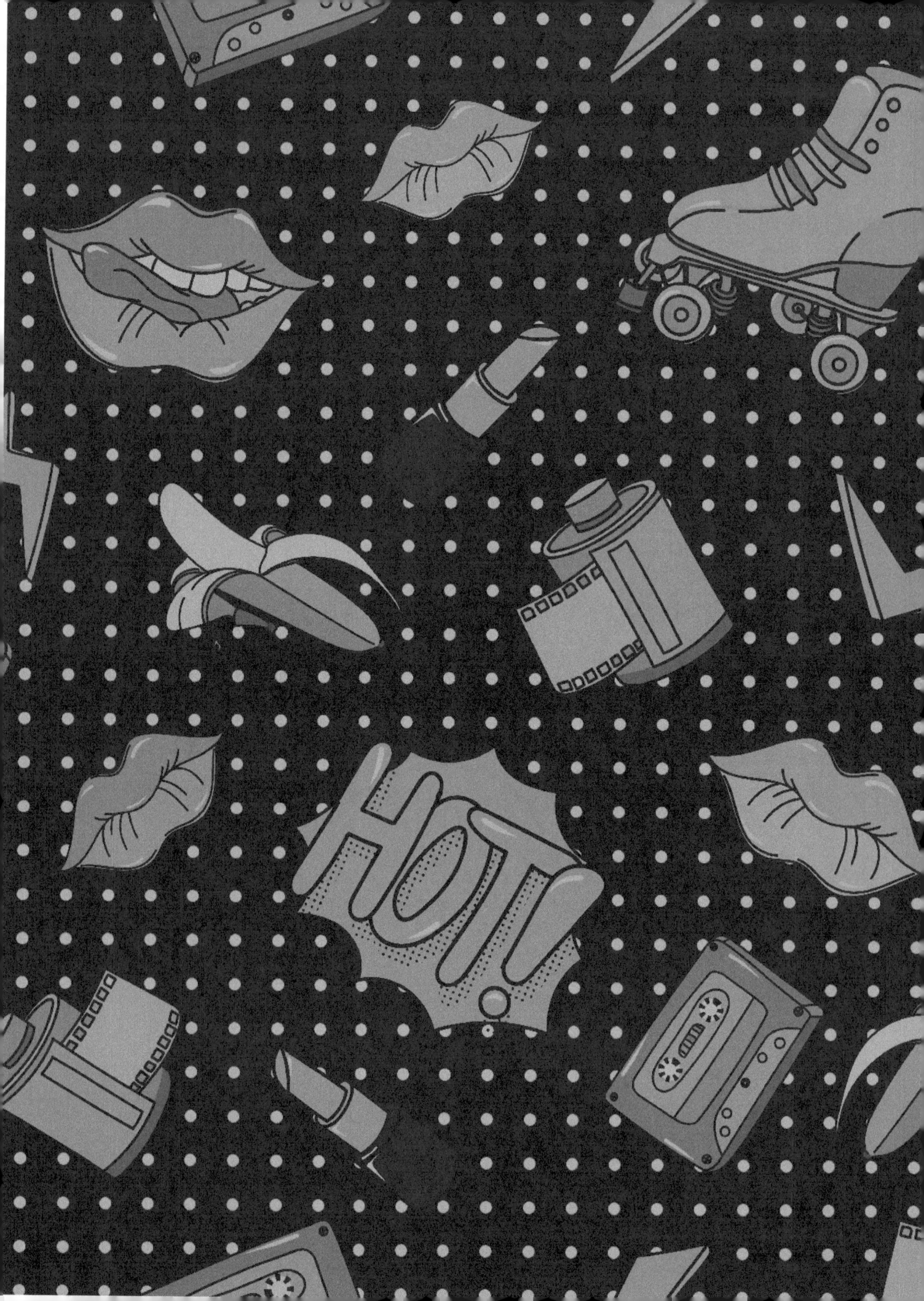

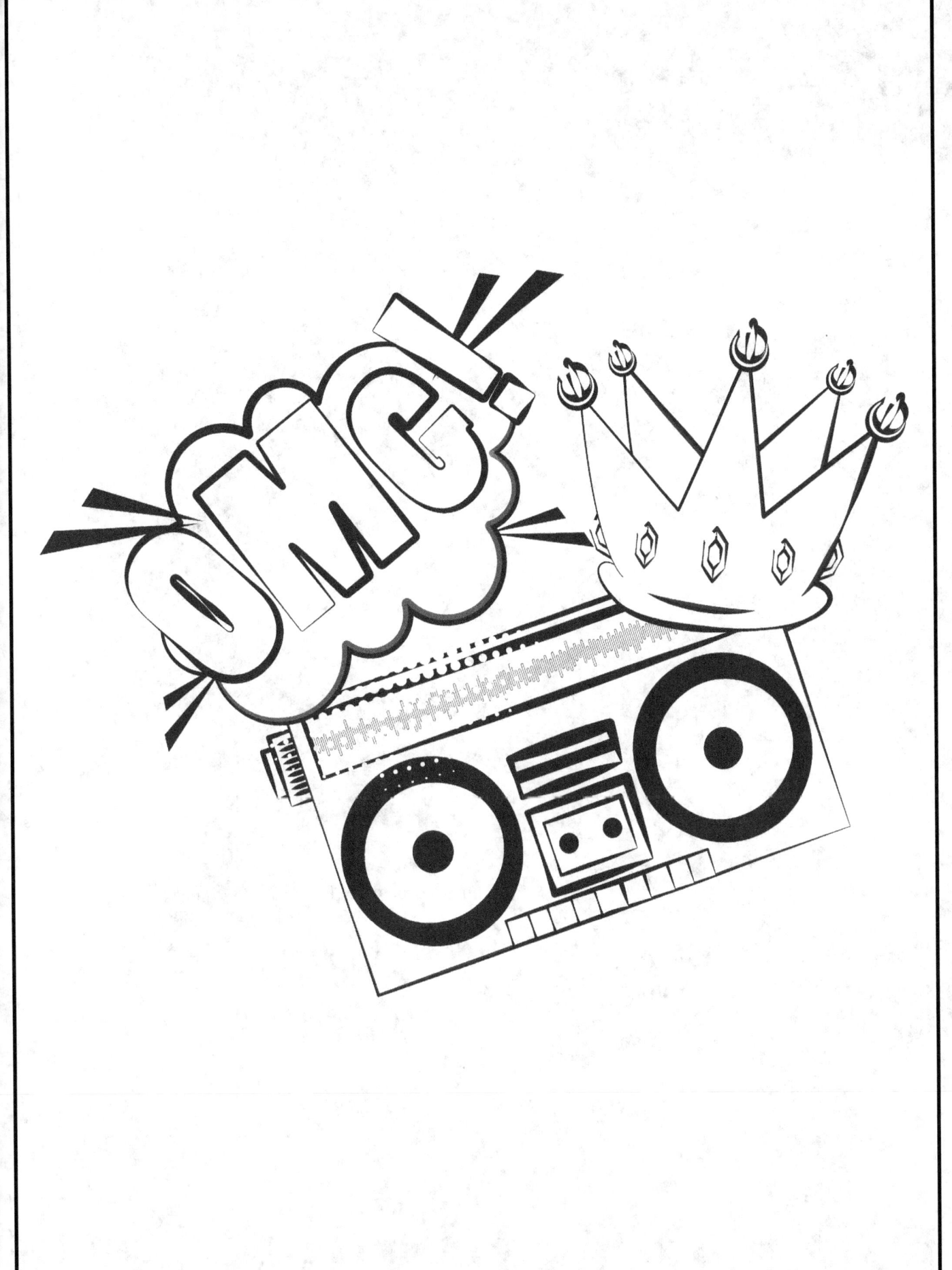

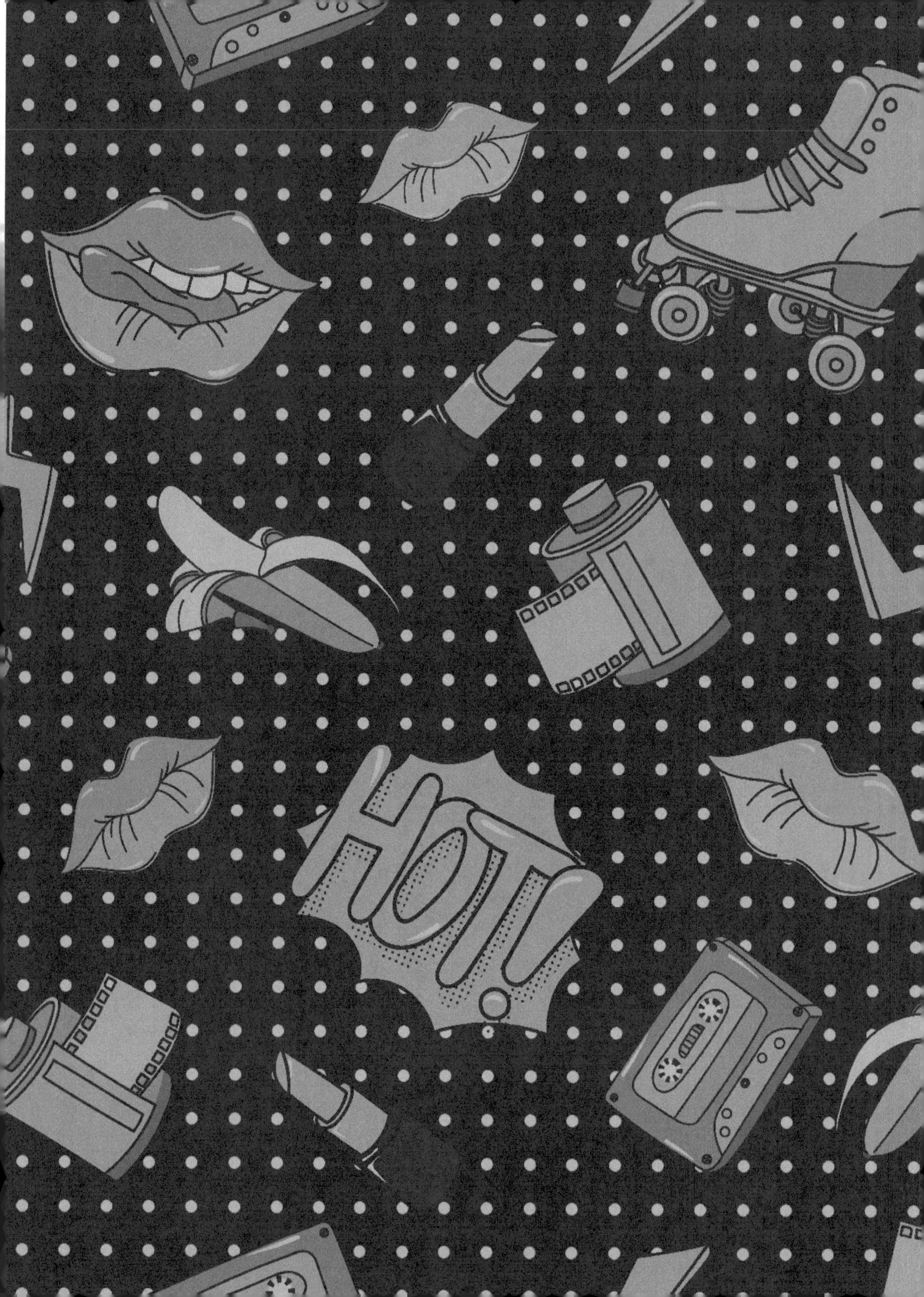

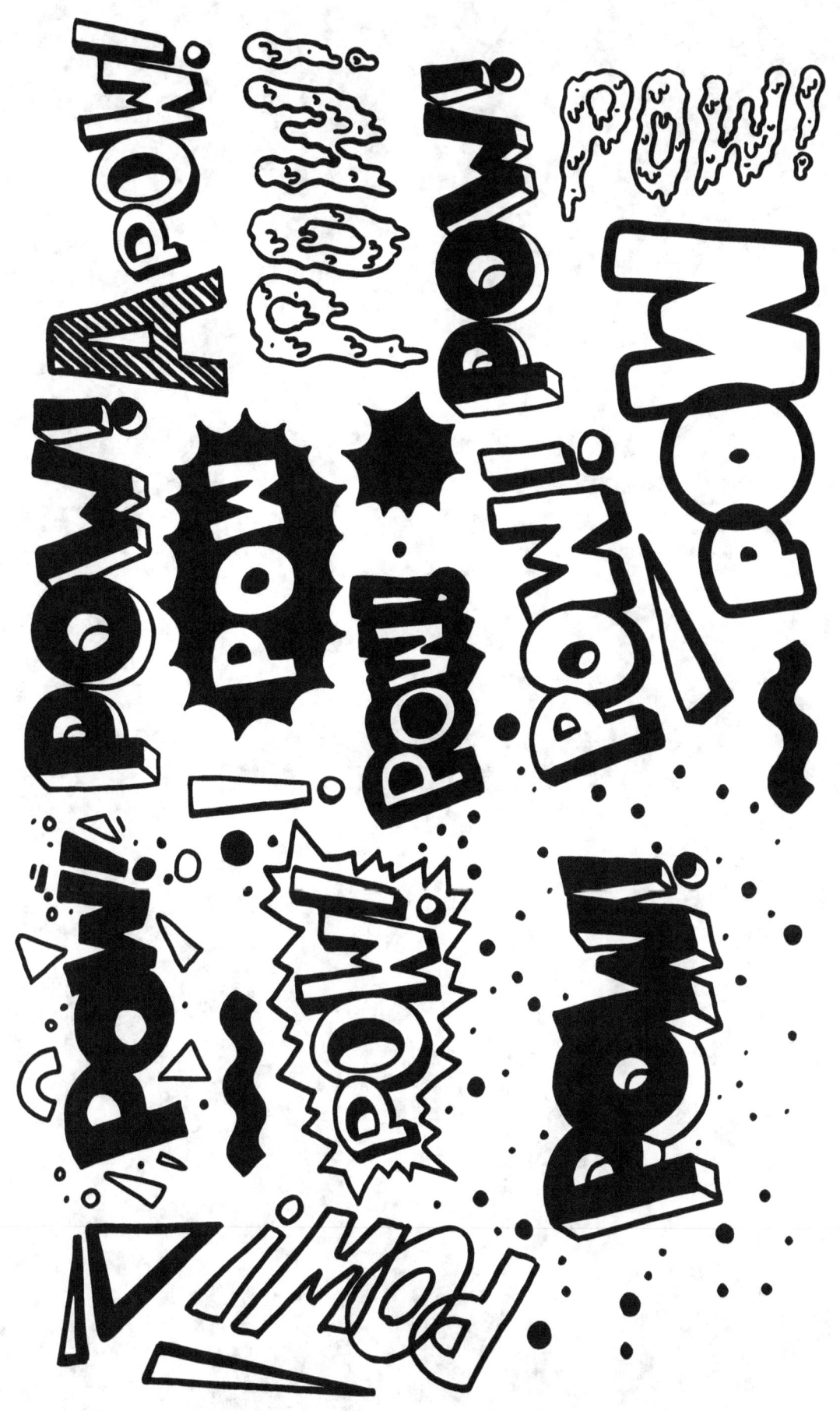

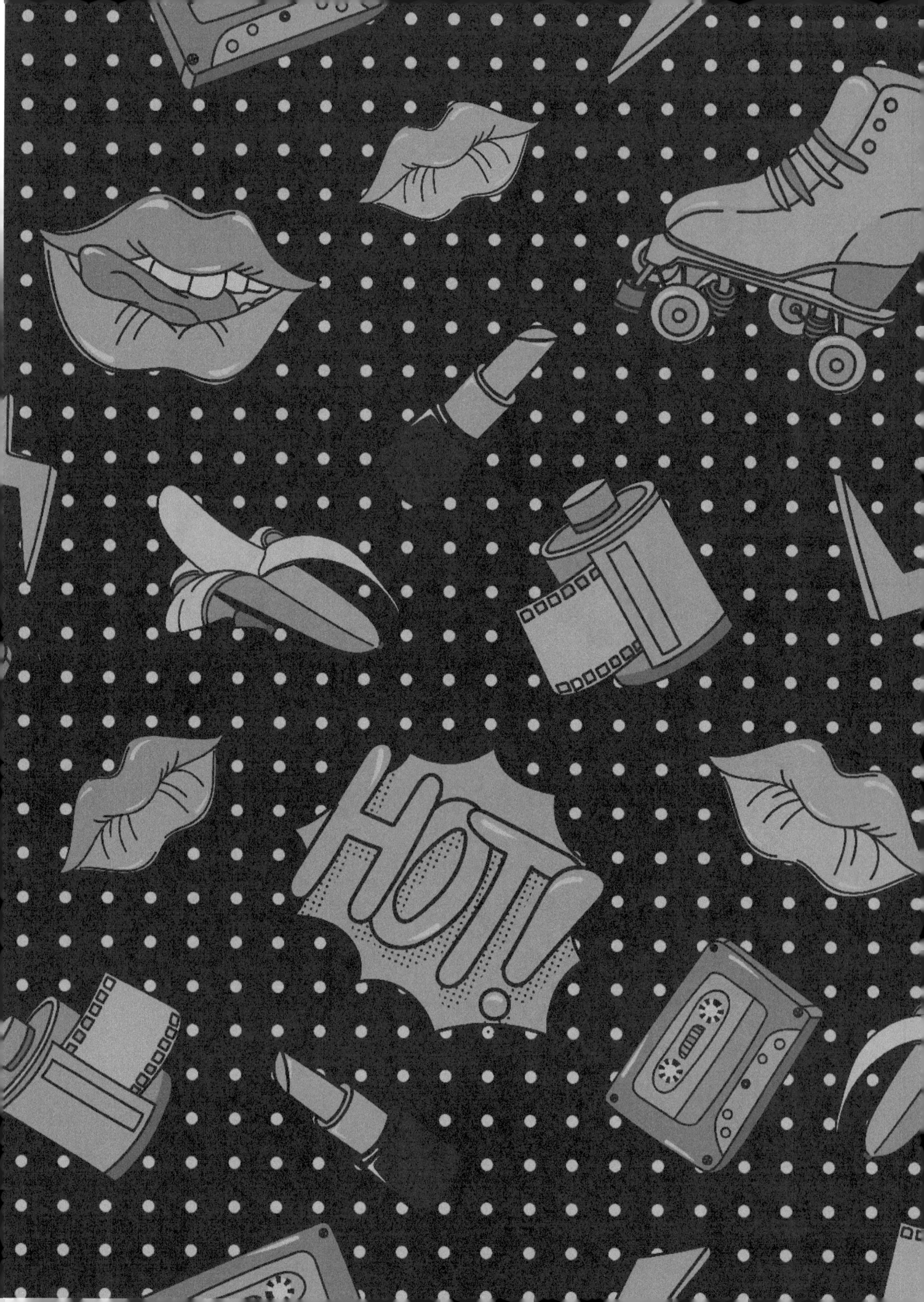

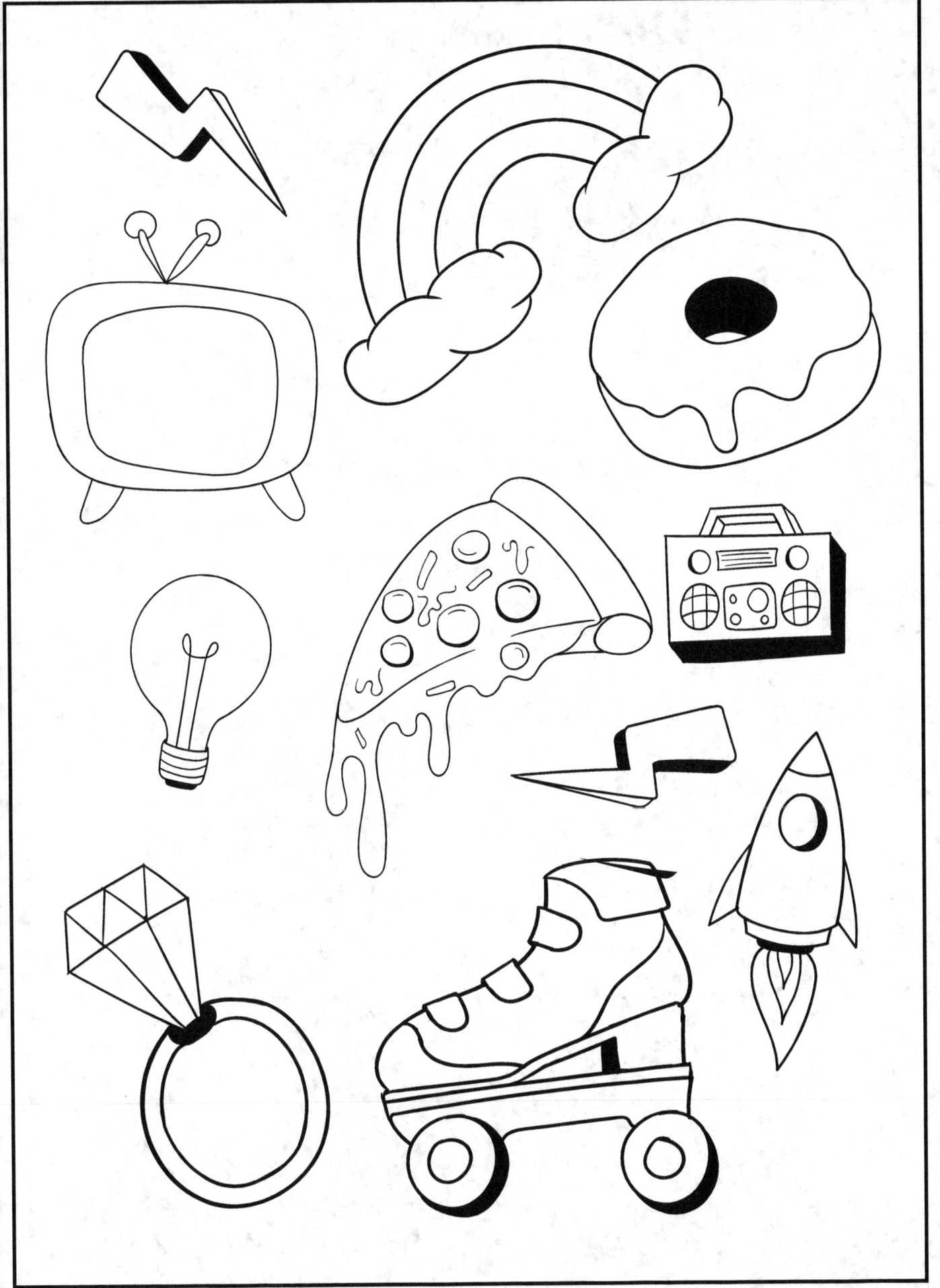

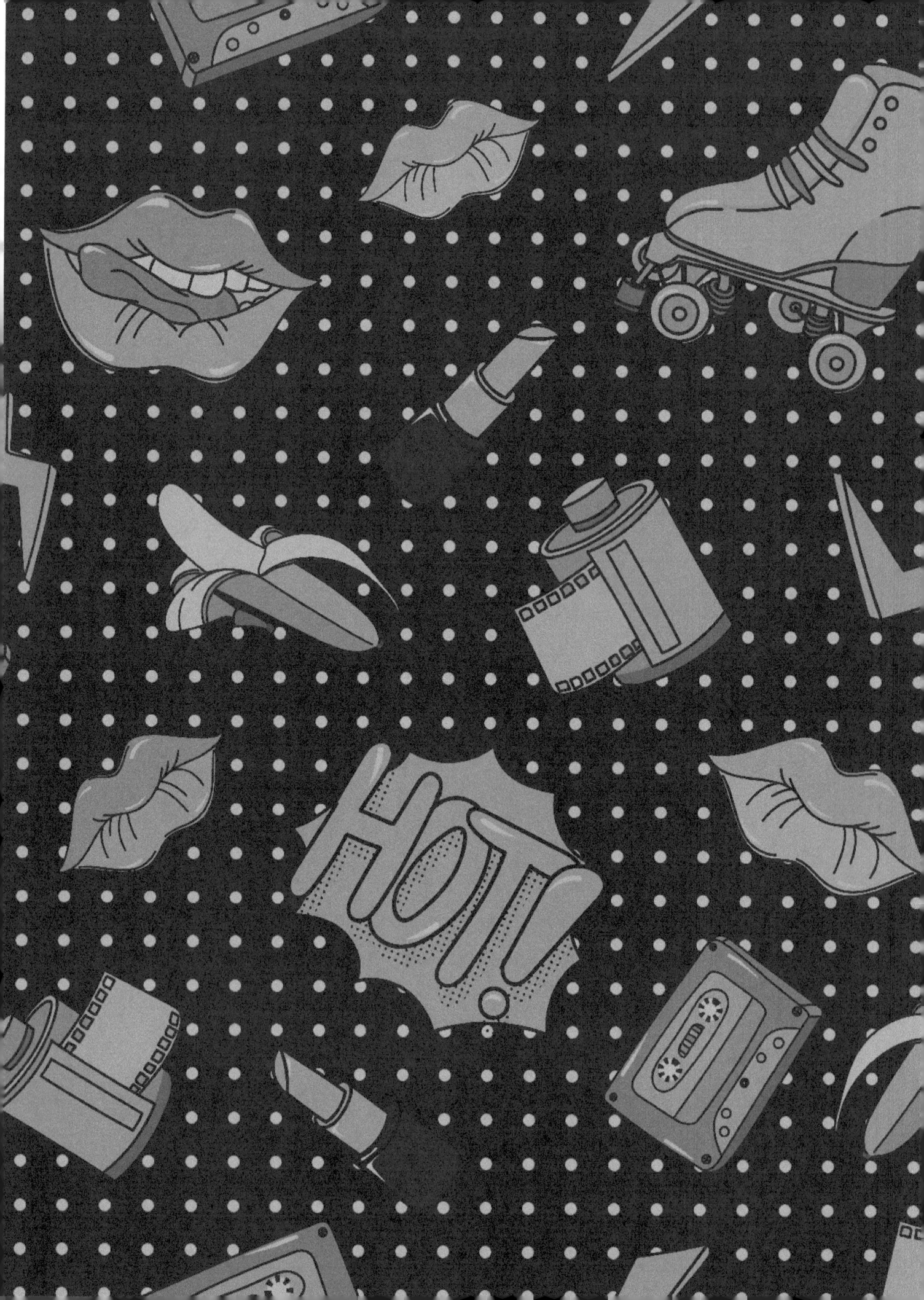

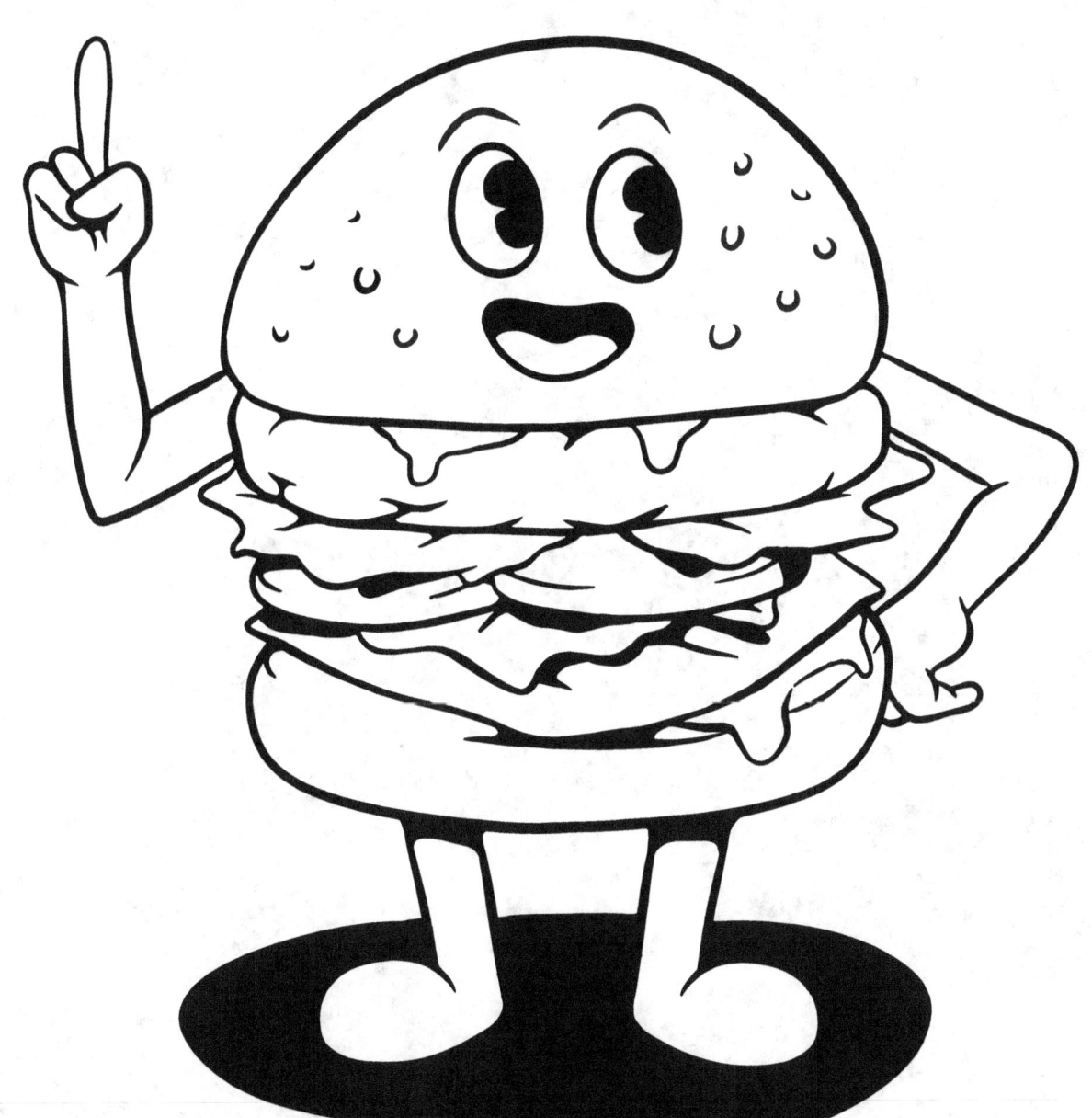

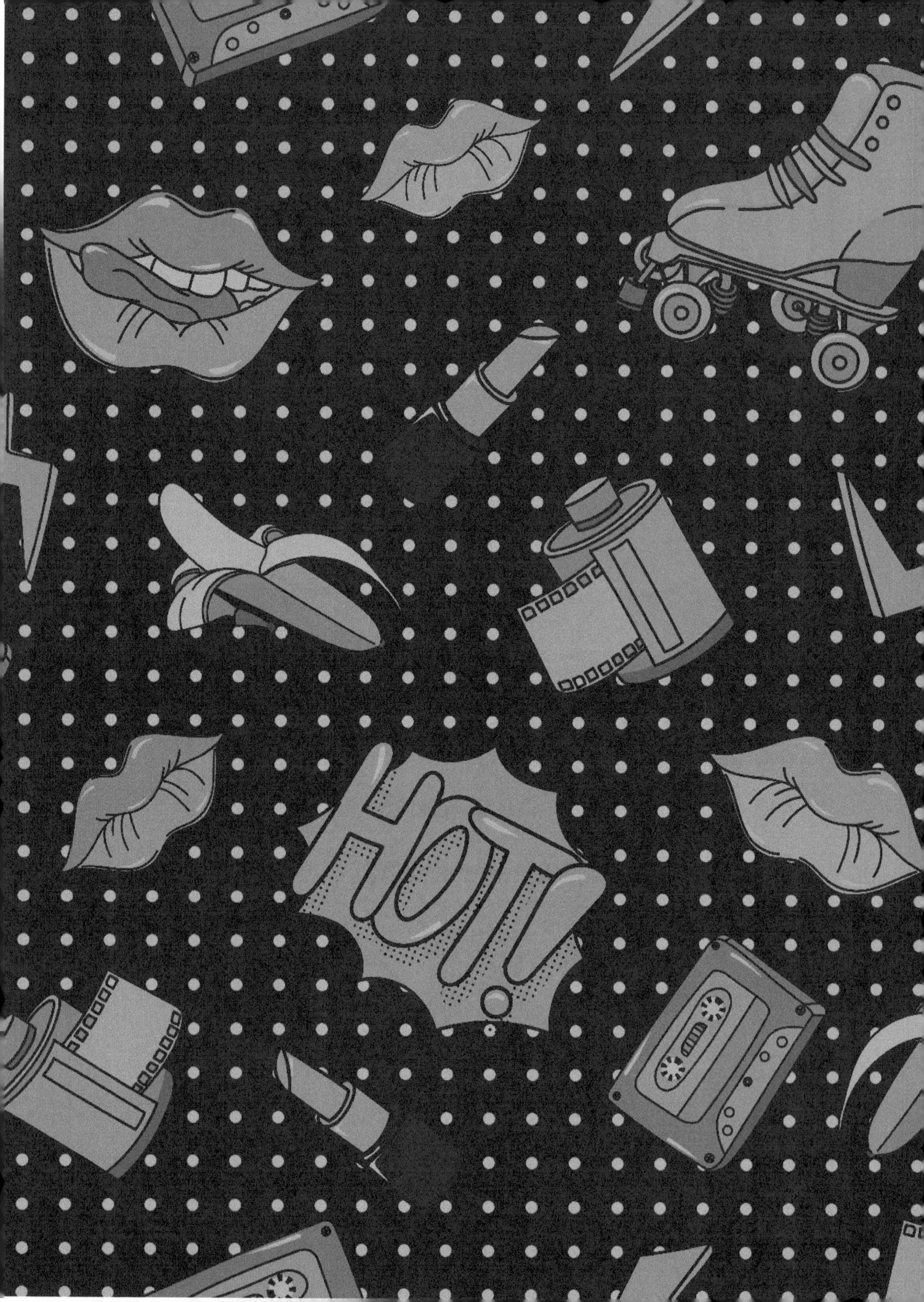

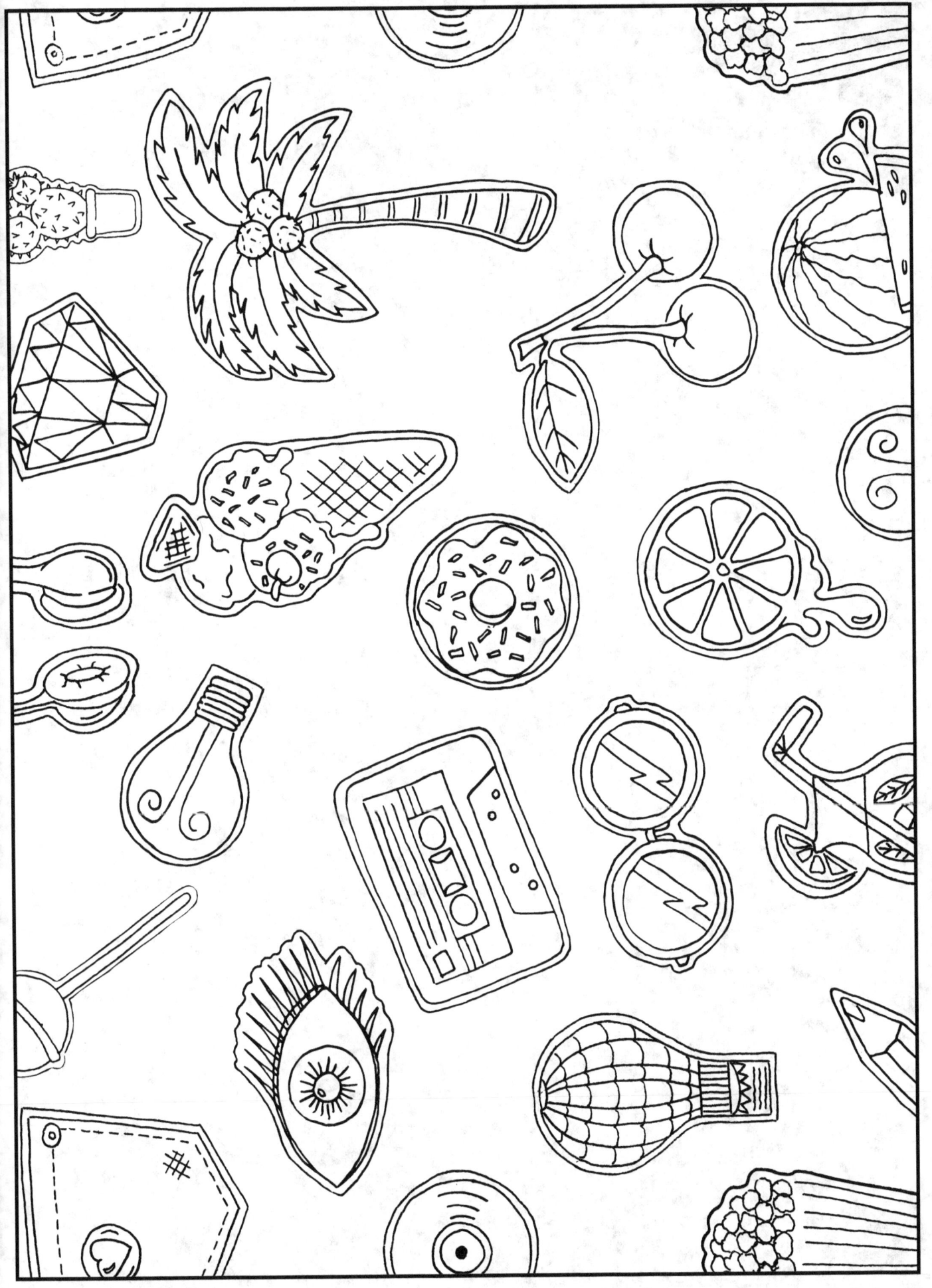

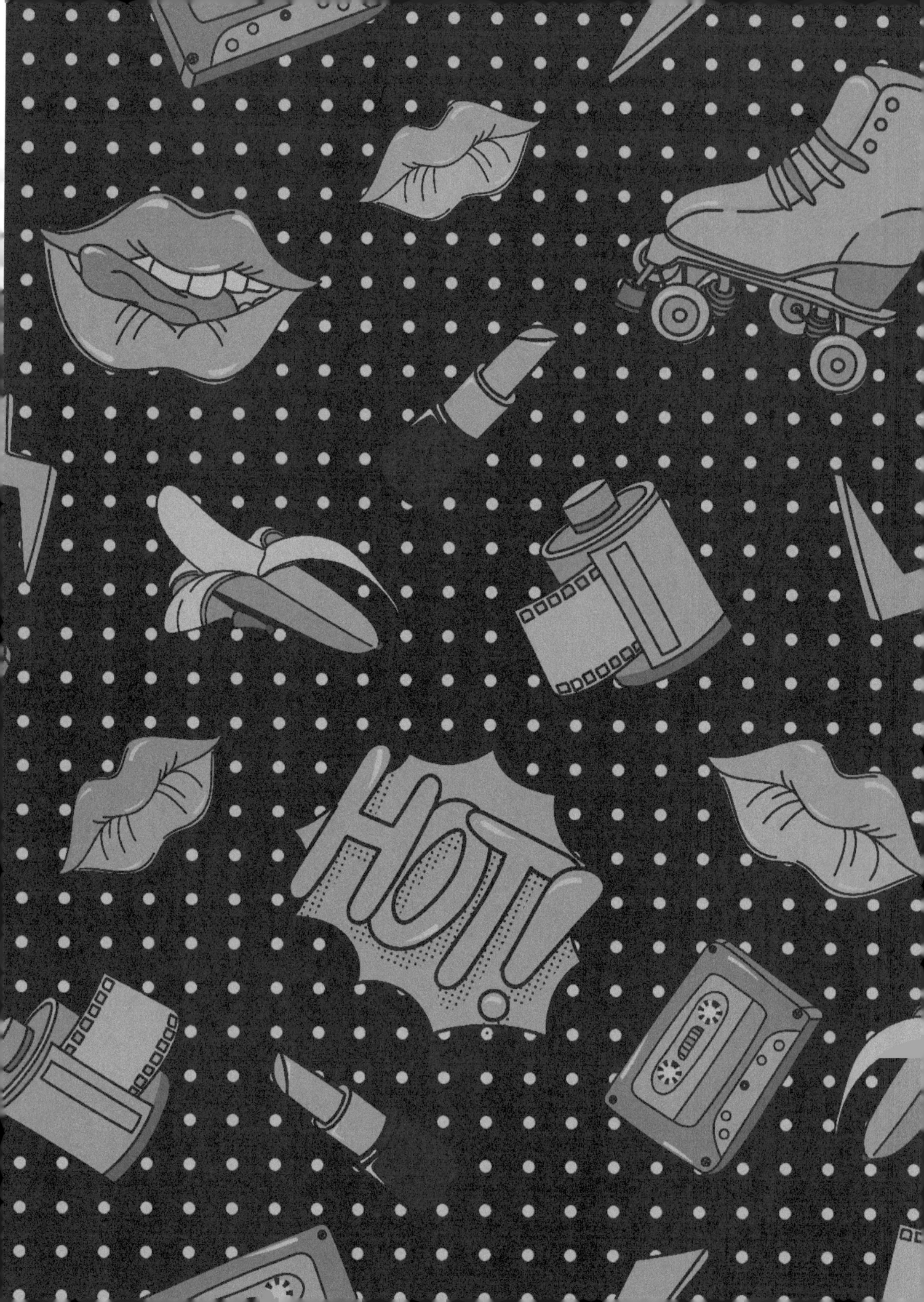

Sweet

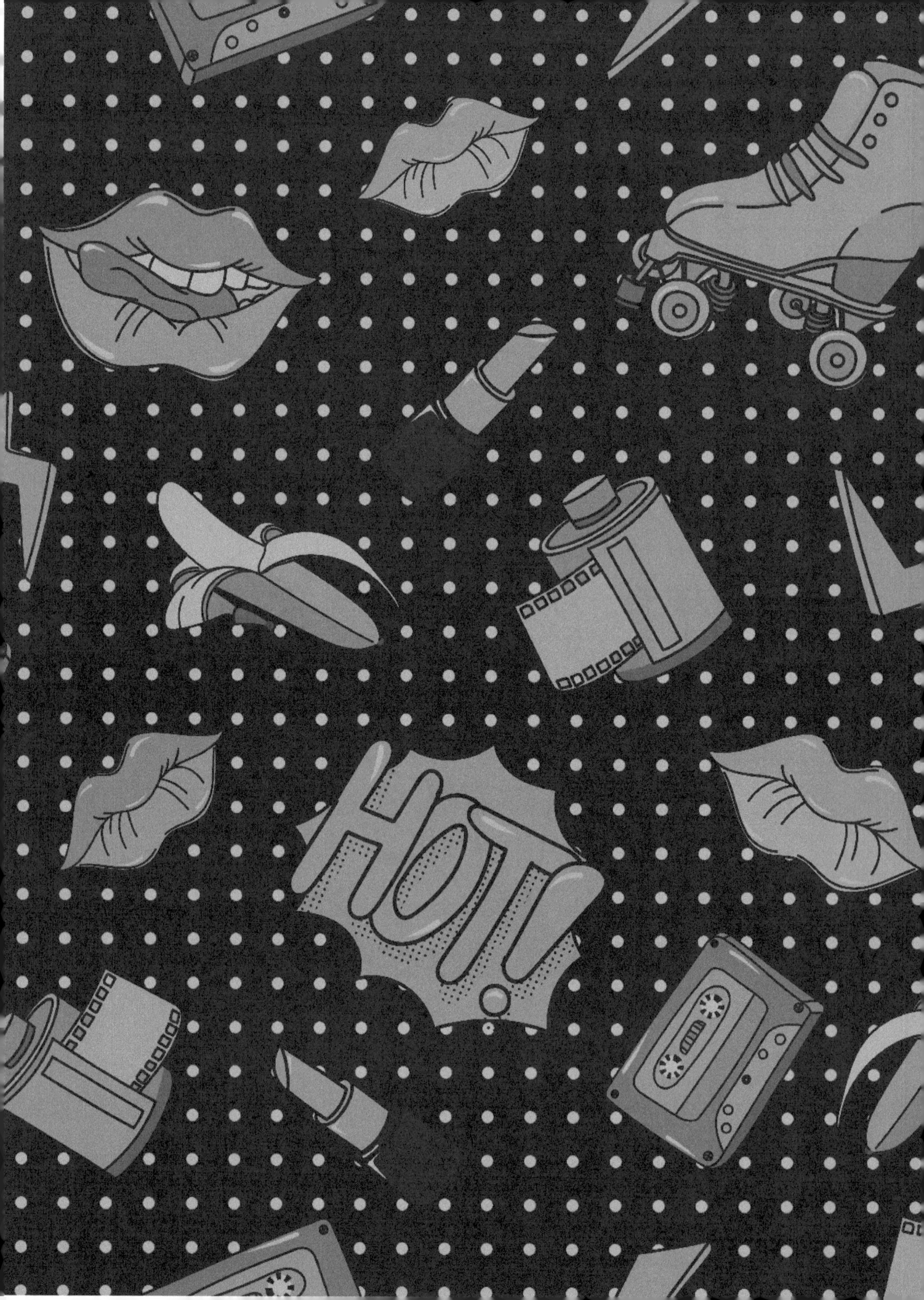

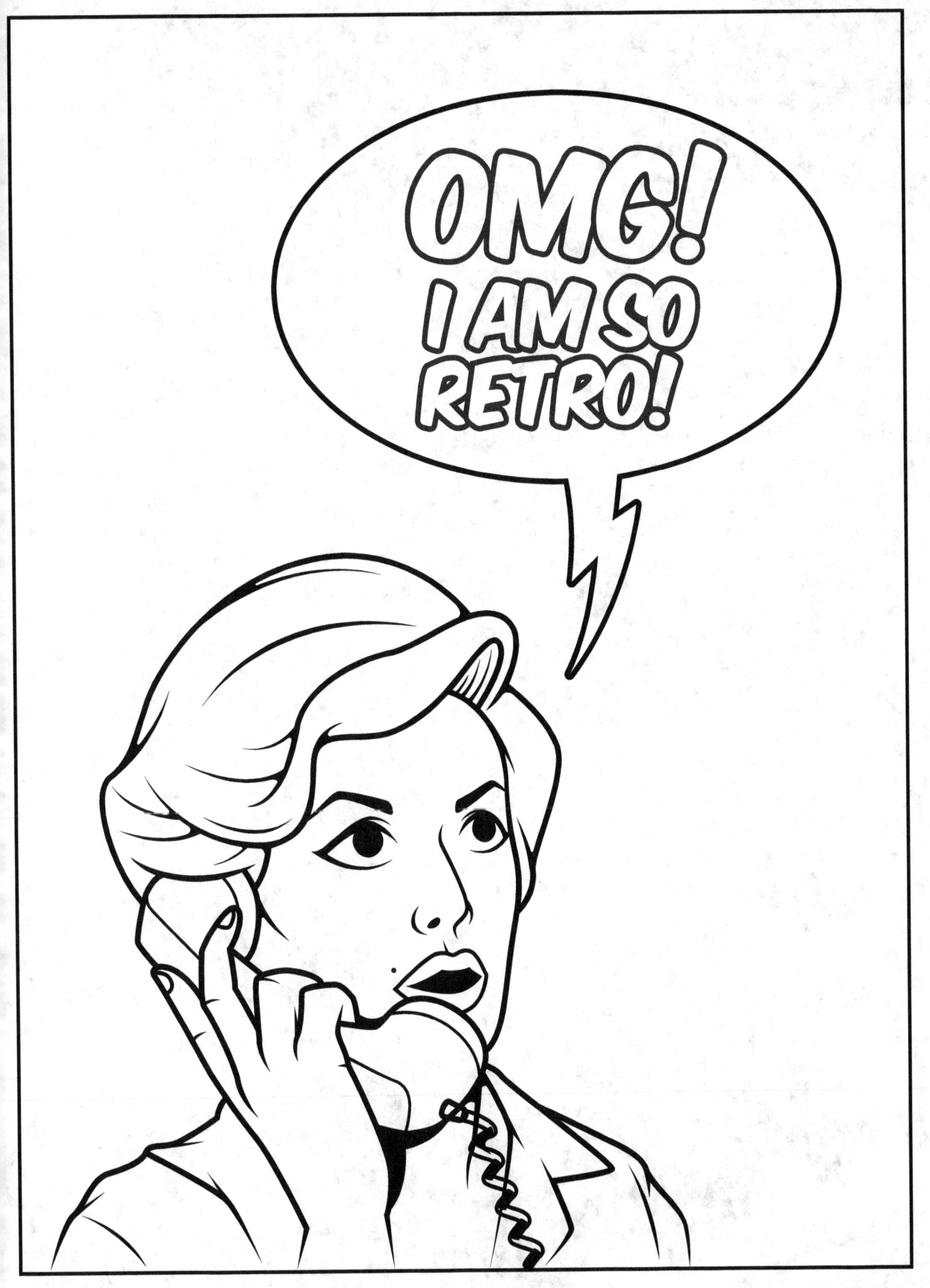

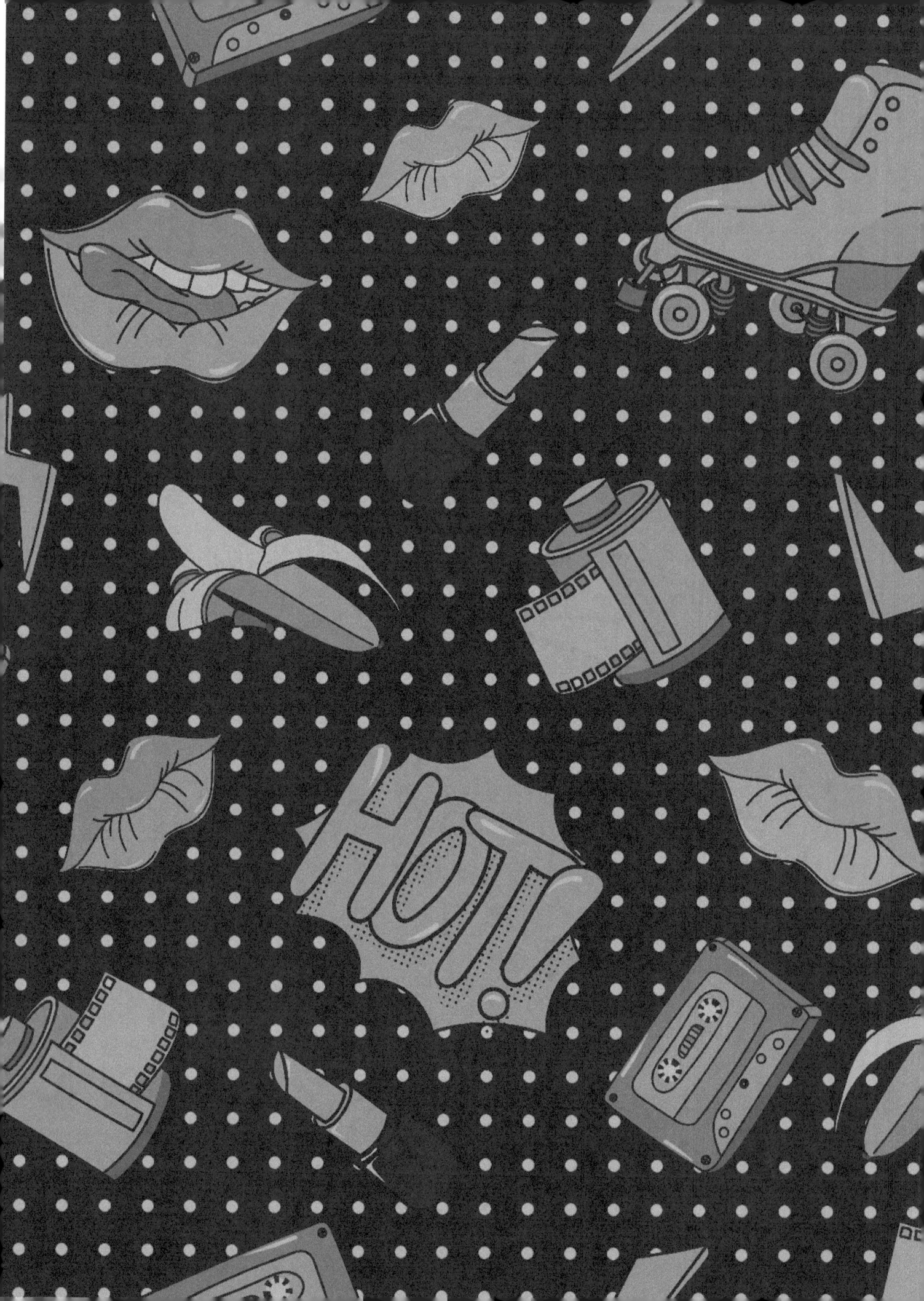

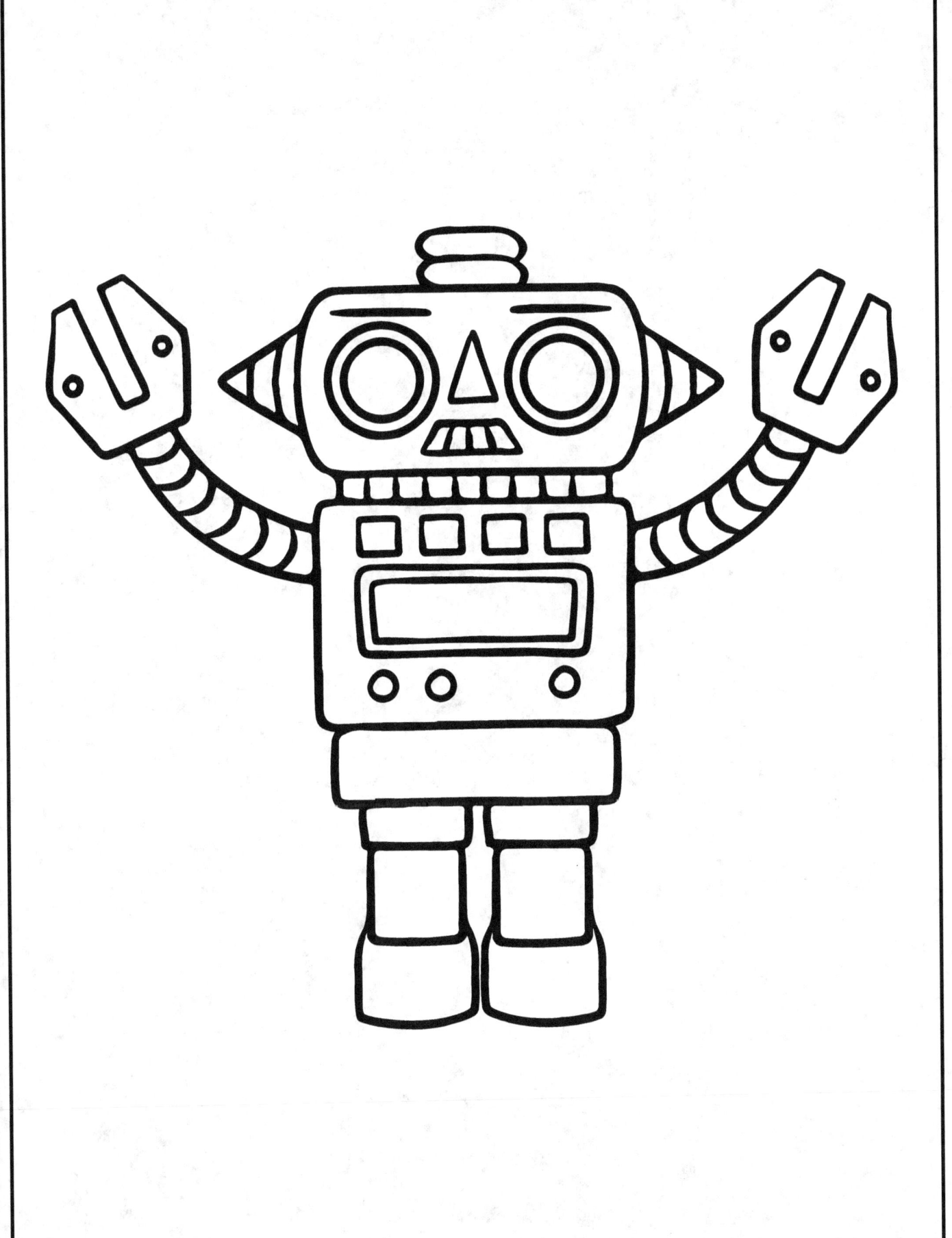

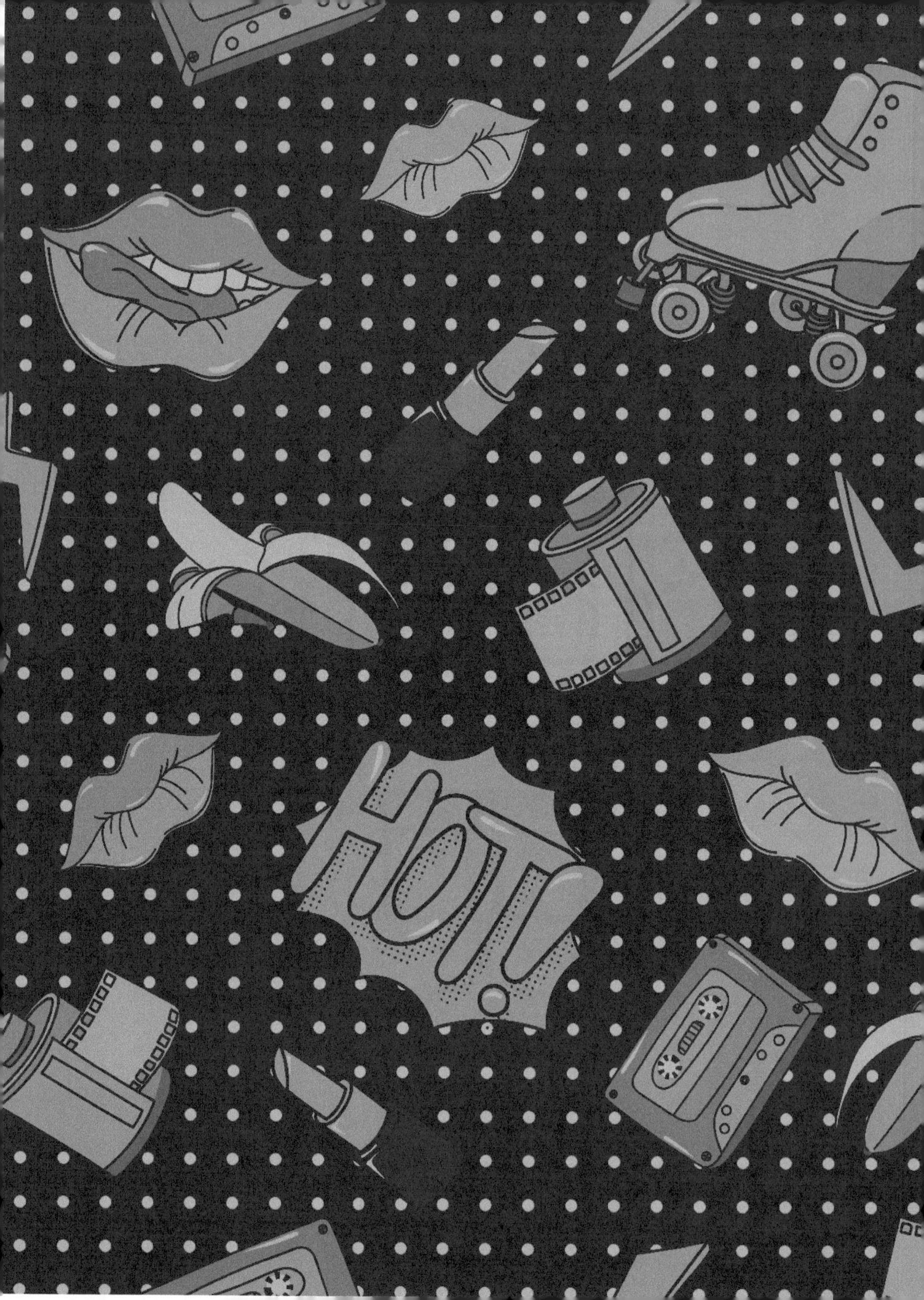

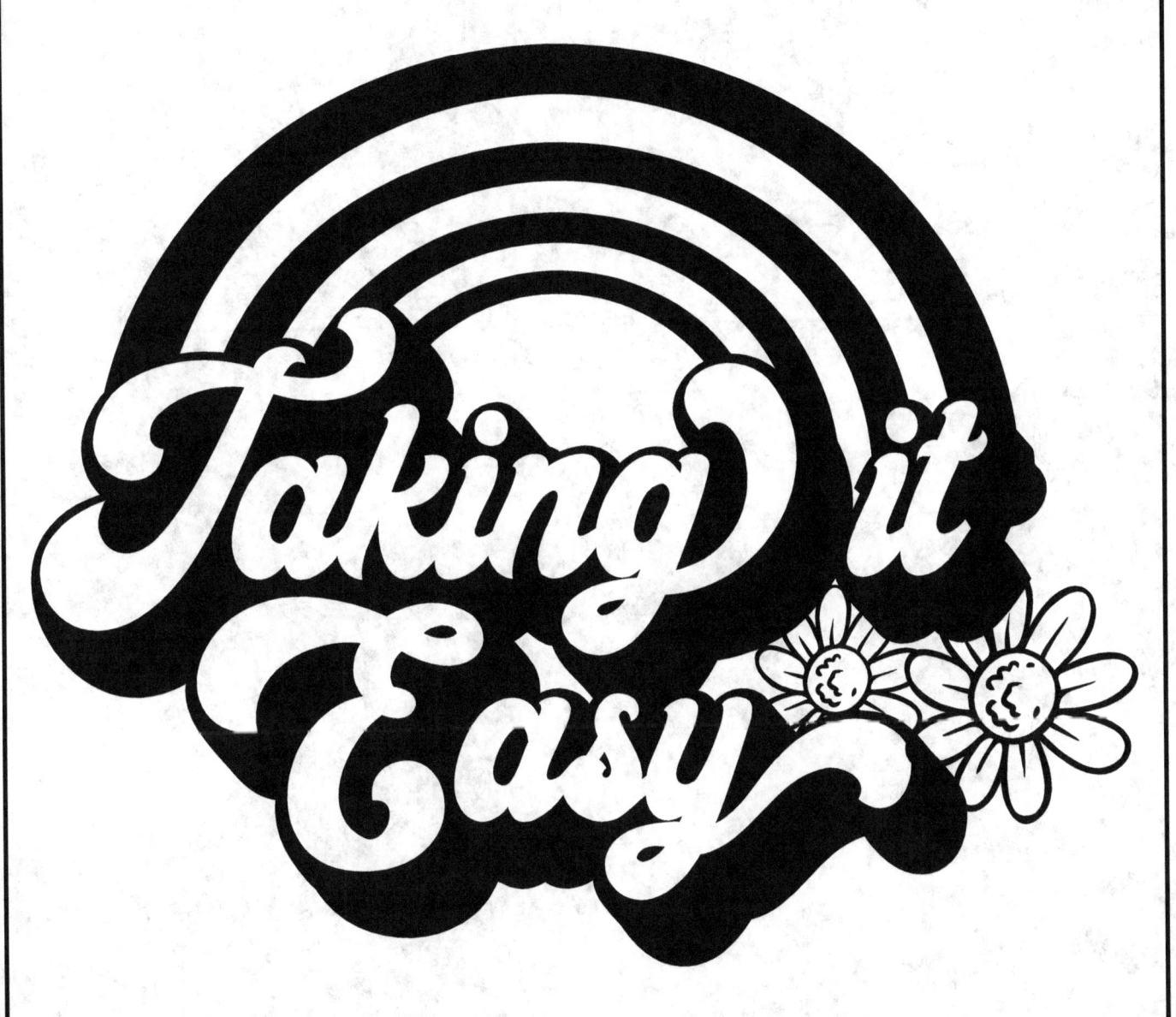

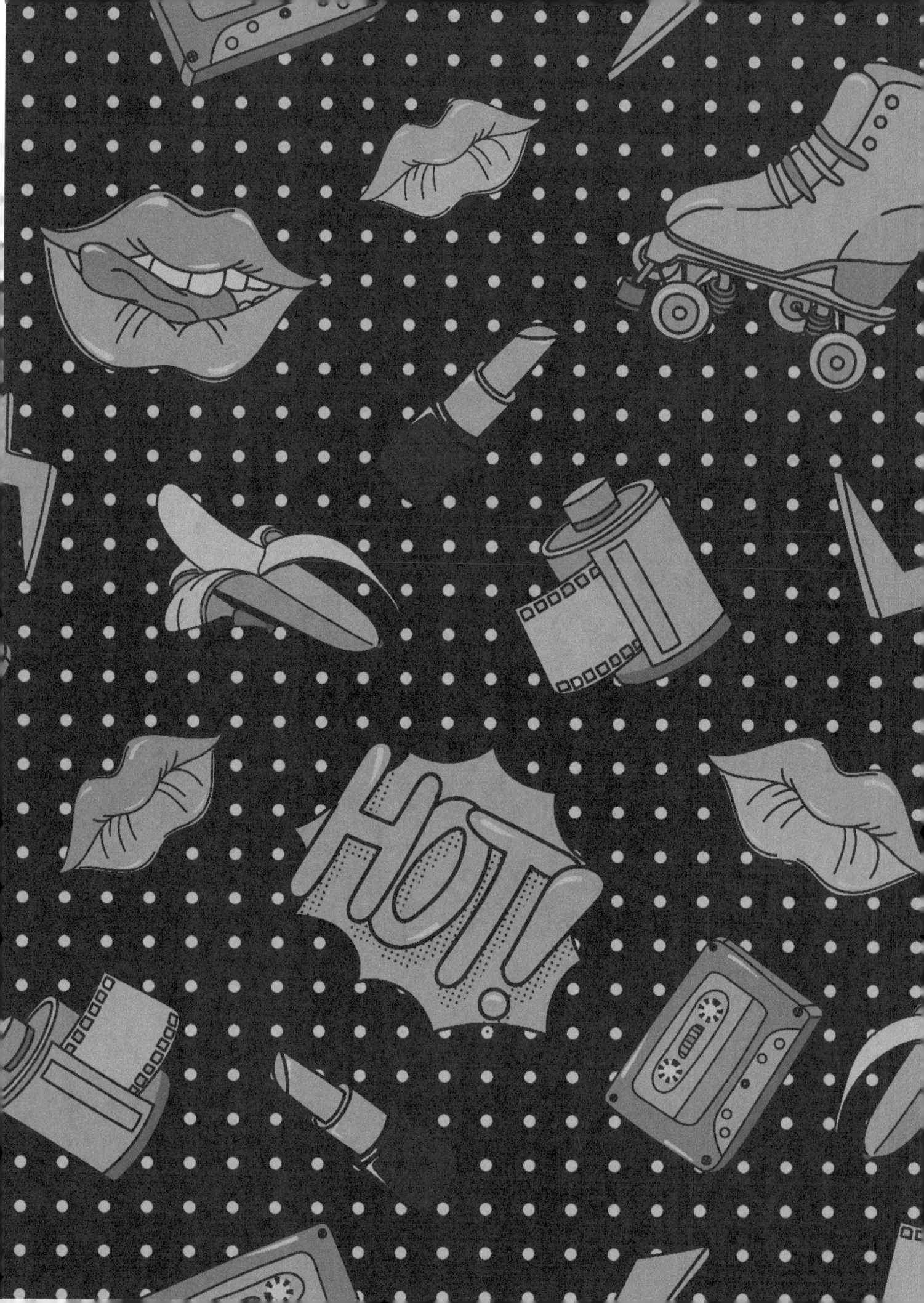

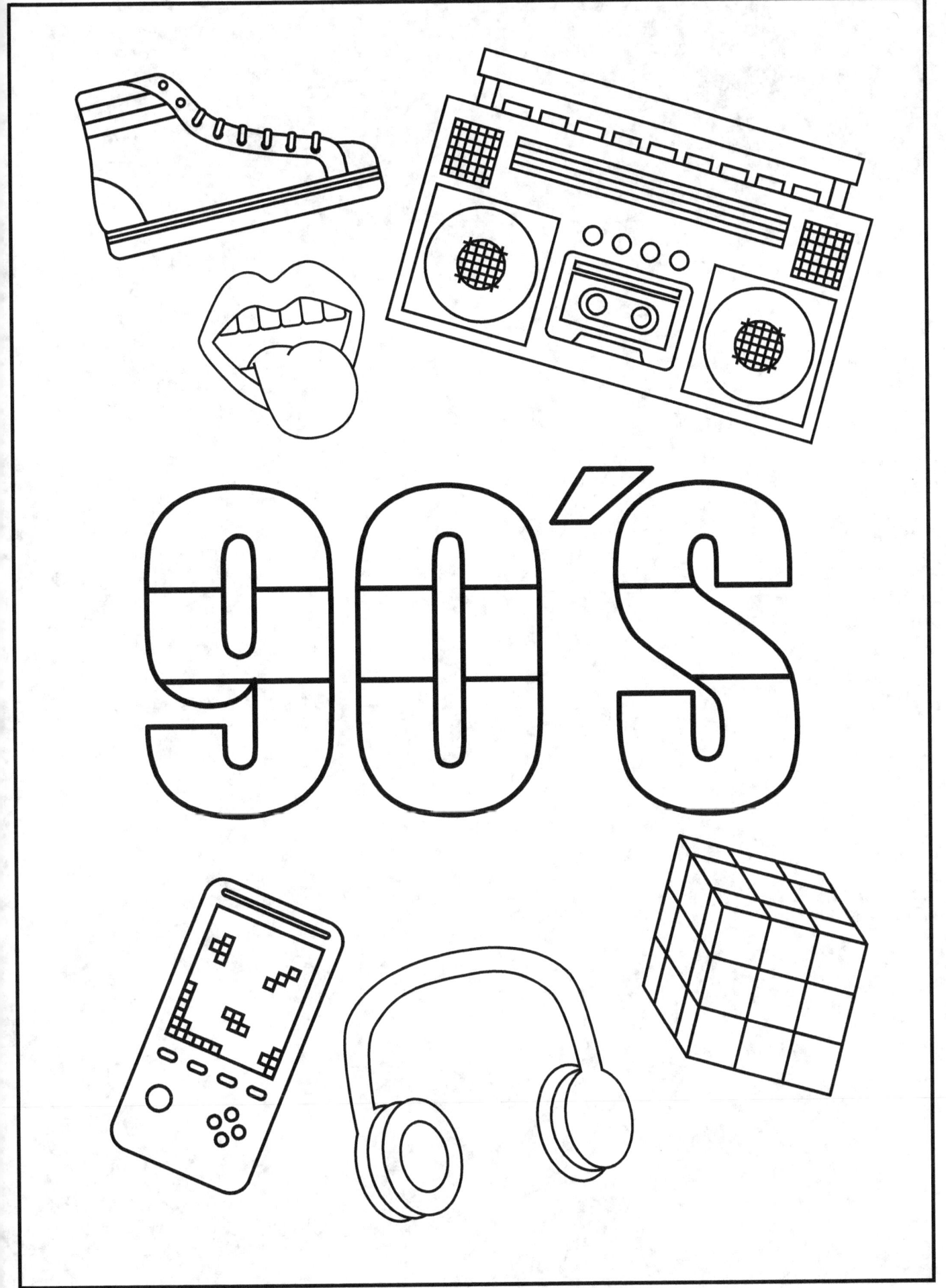

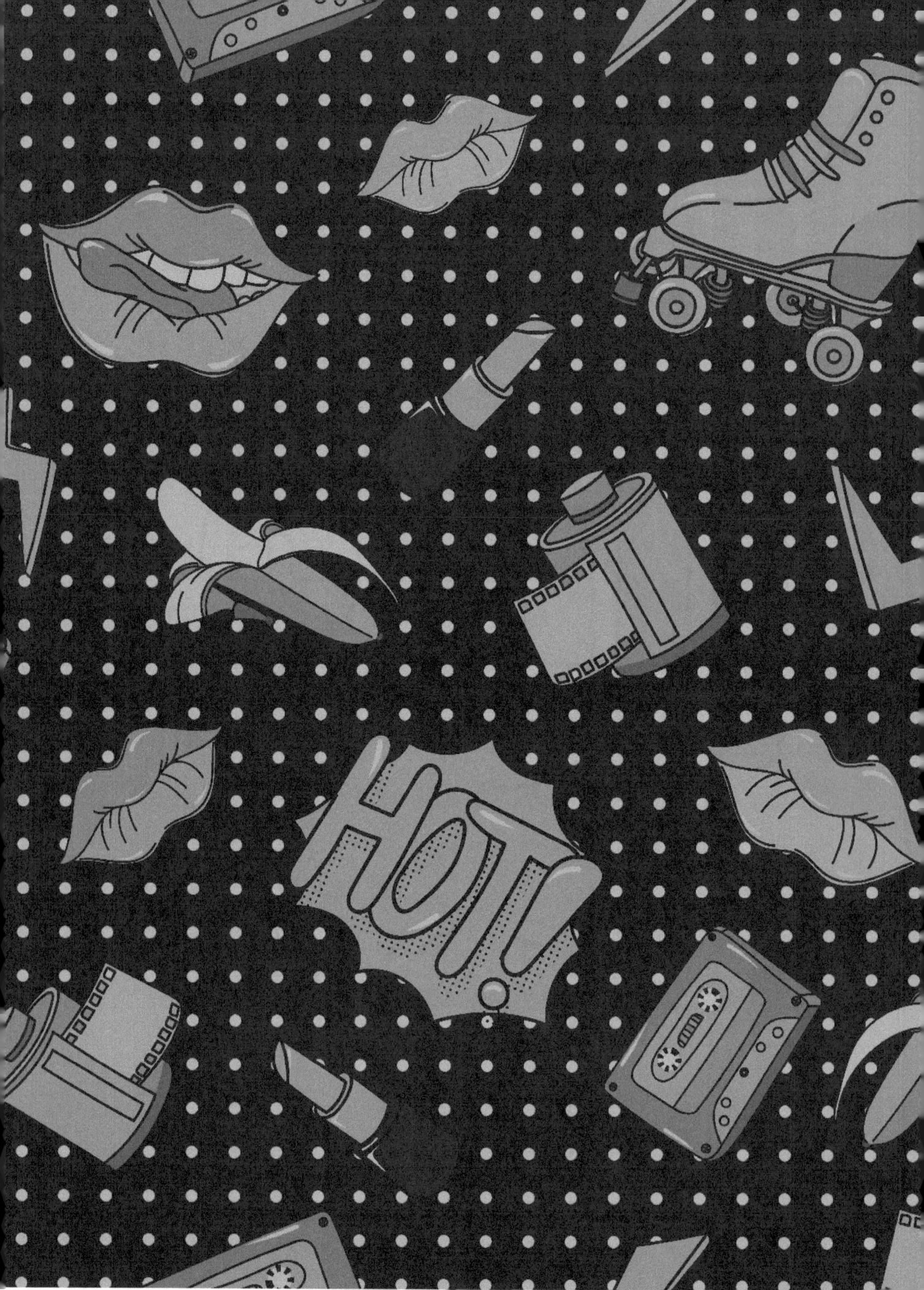

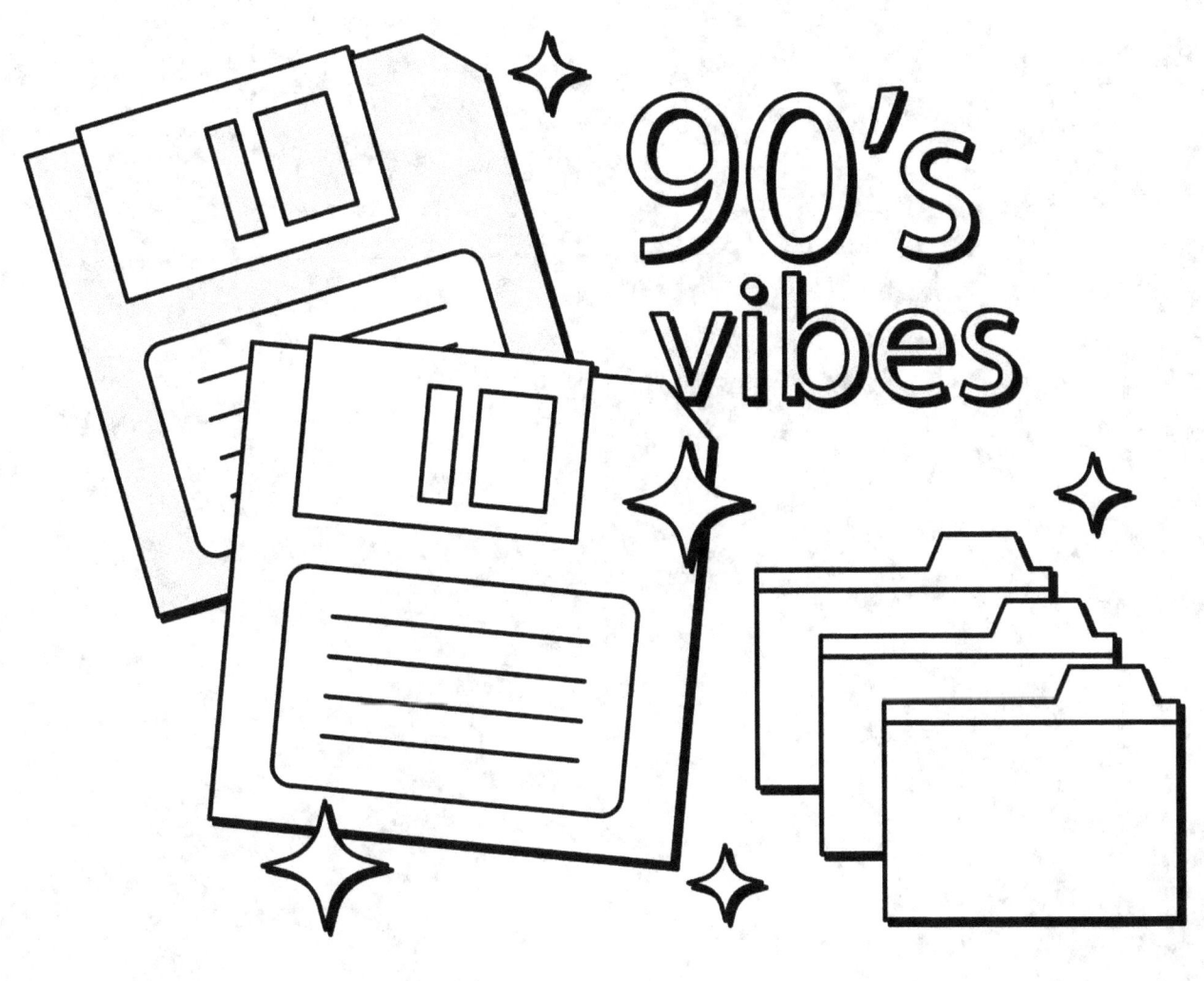

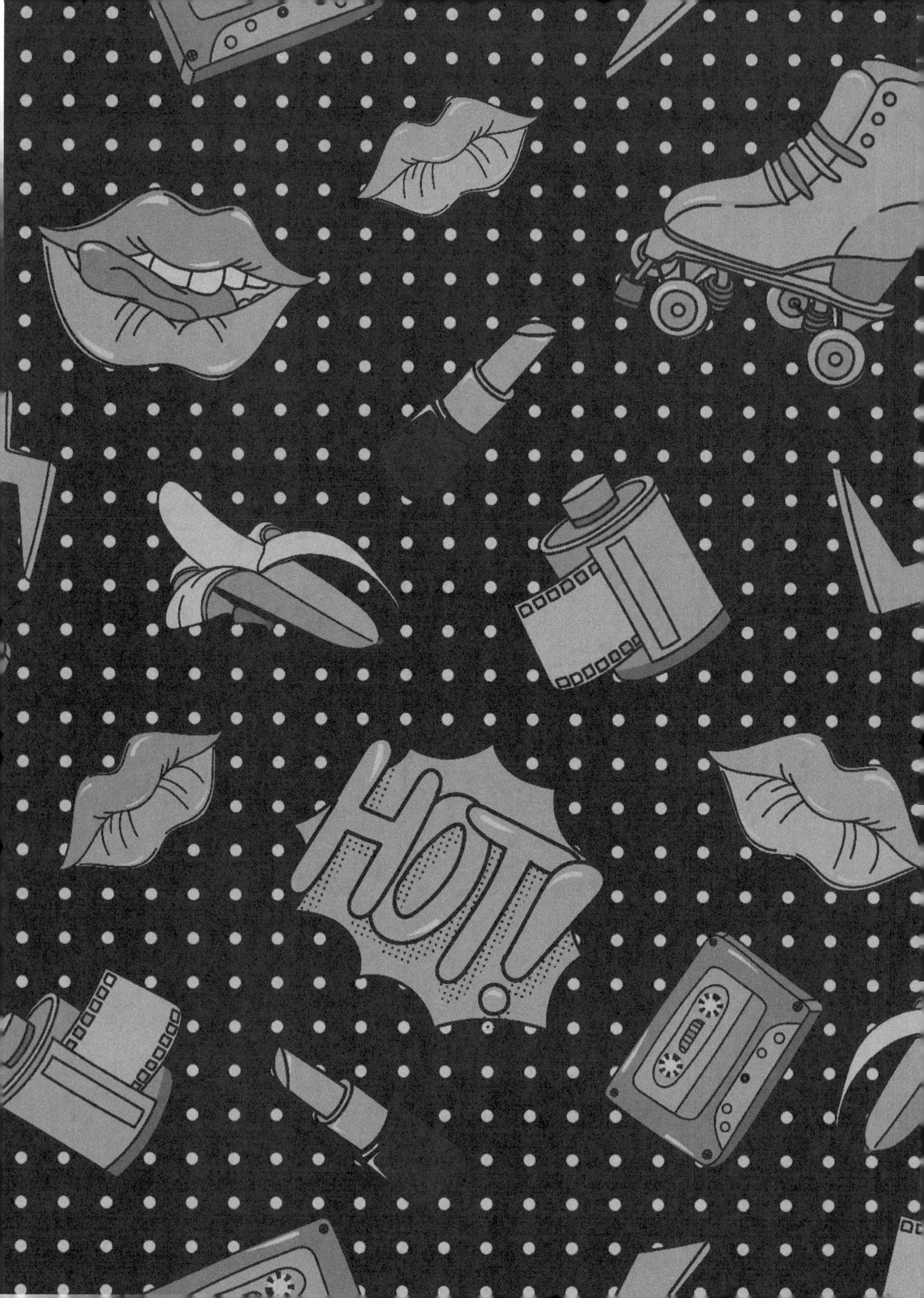

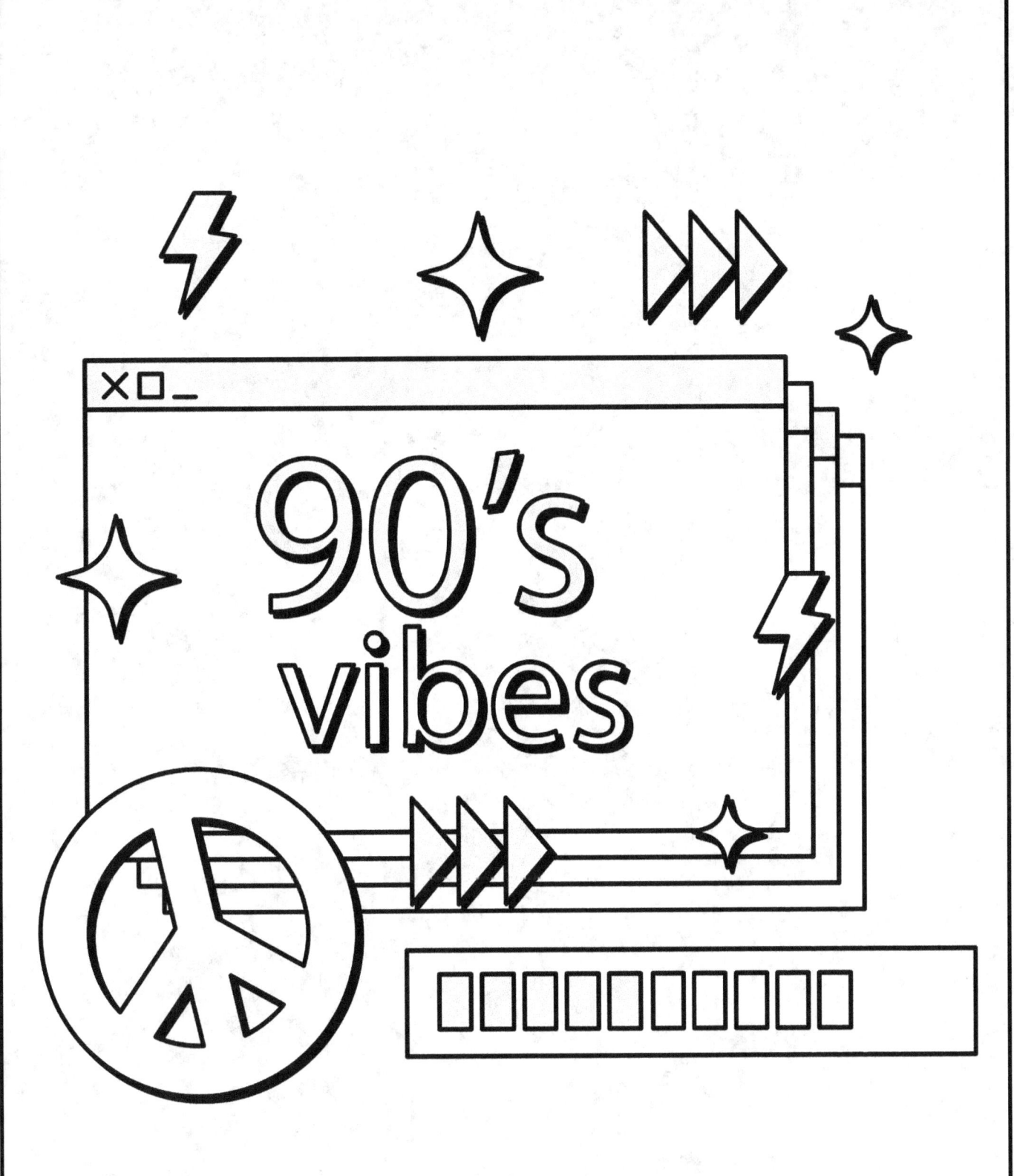

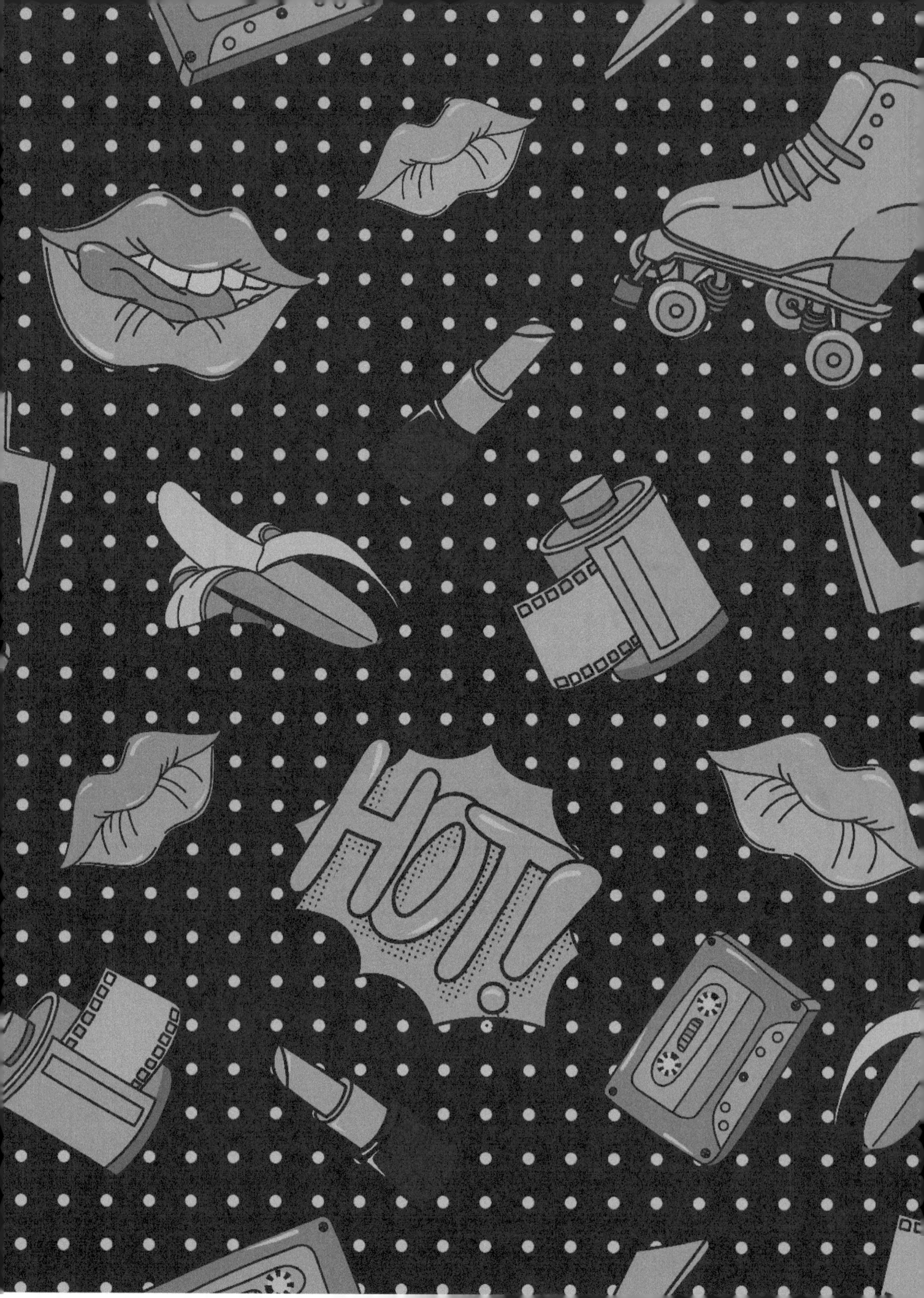

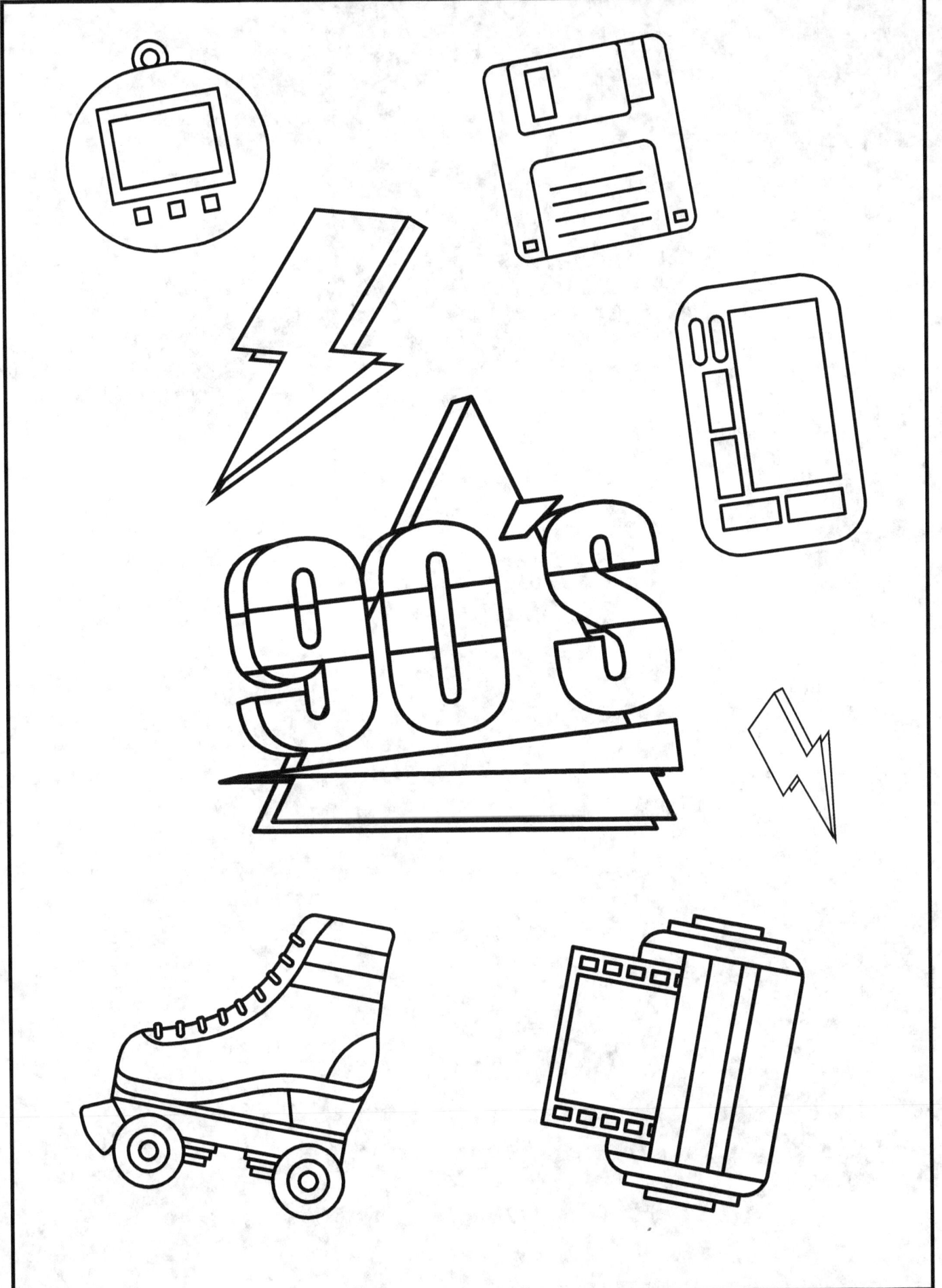

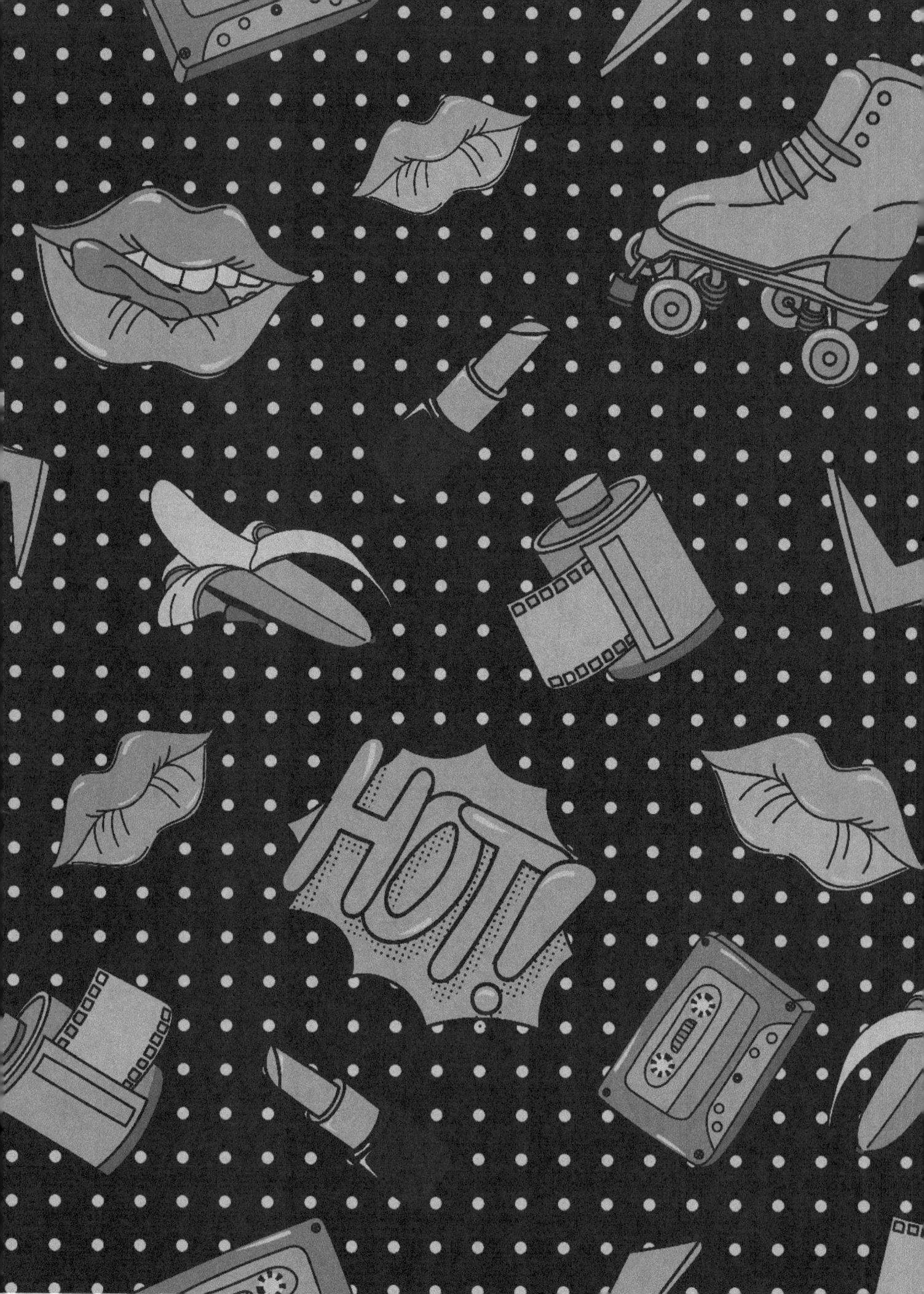

www.ingramcontent.com/pod-product-compliance
Lightning Source LLC
Chambersburg PA
CBHW080517220526
45465CB00006B/2511